통쾌한 반격의 기술
오자서병법

통쾌한
반격의
기 술
오자서병법

공원국 지음

위즈덤하우스

들어가는 말

부당한 상대에게 날리는
회심의 한 방

약자를 강하게 만드는 반격의 경전

《오자서병법》을 발견한 것은 순전히 우연이었다. 《춘추전국이야기 5》 집필을 위해 춘추 말기 오吳나라 관련 사료를 찾다가 남아 있는 자료가 너무 적어 실망하고 죽간 정리집을 뒤지고 있었다. 그러다 〈개려蓋廬〉라는 제목 옆 괄호 속에 '합려闔閭'라는 글자가 쓰여 있는 것을 보고 눈이 번쩍 뜨였다. 개려, 즉 합려는 누구인가? 춘추시기 오나라 왕으로 오자서伍子胥를 등용해 당시 남방의 강국 초나라를 거의 멸망에 빠뜨리고 춘추오패의 한 자리를 차지한 사람이 아닌가. 그래서 당장 중국으로 전화해서 〈개려〉의 원문이 들어 있는 《장가산한묘죽간張家山漢墓竹簡》(북경문물출판사, 2006)을 구해 읽기 시작했다.

그런데 이럴 수가? 원문을 읽으면서 희열이 밀려왔다. 〈개려〉는 바로 오나라 왕 합려와 오자서가 치국과 군사전략에 대해 논하는 병법서였다. 이것이 바로 지금껏 무덤에서 잠자고 있었던 《오자서병법》으로 "오자서가 유격전을 전개해서 강한 초를 이겼다"는 《좌전左傳》의 기사를 생생하게 확인하게 된 순간이었다.

오자서는 초楚나라에서 충의로 이름을 떨치던 가문 출신이었다. 대대로 충성을 다했으나 오자서의 아버지와 형은 간신의 모함을 받아 살해당하고, 그 자신은 망명객 신세가 되었다. 역사가 사마천司馬遷이 "열혈 장부"라 표현한 오자서가 이 부당함을 순순히 받아들일 수는 없었다. 그는 복수를 위해 오나라 왕 합려를 찾아가 신생 오나라를 이끌고 당시 패자를 자임하던 대국 초나라를 쓰러뜨리고 부모와 형의 복수를 한다.

오자서는 이렇게 말한다.

"상대는 크고 나는 작다. 상대는 나의 영역을 침범하고 나를 핍박한다. 그러나 내가 보기에 상대는 정도를 잃었다. 그럼에도 내가 당할 수만 있는가? 물론 당할 수 없다."

그럼 이길 수 있는 방도가 있는가? 오자서는 "있다"고 말한다.

"다윗이 골리앗을 넘어뜨릴 수 있다. 작은 것이 더 빠르고, 옳은 것이 더 단단하다. 빠른 것으로 느린 것을 치고, 단단한 것으로 엉성한 것을 치면 반드시 이긴다."

예비 독자들도 이 책을 읽기 전에 먼저 이렇게 물어보아야 한다.

"나는 정당한 길을 걷고 있는가? 그럼에도 부당하게 침탈당하고 있는가?"

만일 그렇다면 부당한 것에 맞서 싸워야 한다. 그러나 계란으로 바위를 쳐서 이길 수 있겠는가? 《오자서병법》은 그런 방법이 있다고 말한다. 이 책에서 주장하는 승리의 기술은 대단히 살벌하다. 오자서는 이렇게 말한다.

"강한 적을 이기기 위해서는 절대로 정면으로 부딪히지 말고 '적을 사지死地로 깊숙이 끌어들여라.' 그리고 '적이 교만해지거나 질서를 잃었을 때 반격하라.'"

반격하는 데 인정사정은 없다. 남을 나처럼 사랑하고, 절대로 남을 먼저 공격하지 말라고 강조했던 동양에서 가장 철저한 반전反戰 사상가인 묵자墨子는 이렇게 말했다.

> 성인이 장차 천하를 위해 해악을 제거하고자 군대를 일으켜 포학한 나라를 주벌하여 승기를 잡고는 부하들에게 "달아나는 적을 뒤쫓지 말고, 함정에 빠진 적을 쏘지 말고, 수렁에 빠진 전차를 도와서 빼주라"고 한다면 포학한 자는 살아남아 도망갈 것이니 천하의 해악은 제거되지 않은 것이다. 이런 이들을 놓아주는 것은 자기 부모에게 잔혹하게 대하고 세상을 심하게 해치는 일이다. 그러니 세상에 이보다 더 큰 불의不義가 있겠는가?
> — 《묵자》, 〈비유非儒〉

내가 정당한 길을 가고 있는데 상대가 부당한 행동으로 침범하는가? 그렇다면 그와 싸워야 한다. 그리고 반드시 철저한 승리로써 응징

해야 한다. 이렇듯 반격에 사정이란 없다. 애초 반격을 시작하지 않았다면 몰라도 말이다.

〈개려〉, 즉 《오자서병법》은 비교적 최근에 출토된 것이고 국내에서는 처음 소개되는 내용이어서 책으로 출간하려 했으나 선뜻 자신이 생기지 않았다. 오늘날 세계 곳곳에서 전쟁이 다반사로 벌어지고 있고, 그래서인지 싸움의 언어들이 세상을 뒤덮고 있으며, '누구누구의 병법'이라는 제목을 단 책들이 이미 서가에 많이 깔려 있기 때문이었다. 하지만 전쟁을 좋아하는 사람이나 나라치고 오래 간 이들은 없다. '전쟁 같은 삶'이나 '전쟁 같은 사랑'과 같은 수사는 있을 수 있어도 우리의 일상이 전쟁 그 자체가 되어서는 안 된다. 전쟁이란 국가의 대사이고 우리의 생명을 담보로 치러지는 최고의 비극이기 때문이다.

《노자老子》는 "훌륭한 무기는 상서롭지 않은 기물"이라고 하며 "싸움을 미화하는 자는 살인을 즐기는 것이고, 설령 전쟁에서 이겼다 하더라도 상례喪禮에 따라 처리해야 한다"고 했다. 삶의 올바른 길은 신의이지 속임수가 아니고, 상호공존이지 너 죽고 나 살자는 사생결단이 아니기 때문이다. 이렇듯 병서는 애초에 삶의 지표가 될 수 없다는 생각에 번역이 끝난 후에도 자료로만 사용하고 묵혀 두고 있었다.

그러던 중, 가까운 사람들 중에서 《오자서병법》을 정리, 해석해 책으로 출간하라고 재촉하는 이들이 늘어났다.

"세상에 불공정한 일들이 얼마나 많이 일어나고 있는지 아는가? 정당하게 행동하고도 부당하게 침범당하는 이들이 있다. 선하지만 그저 약하다는 이유로 패배하는 사람들은 어떻게 할 것인가?"

"정당한 방법으로 얻은 것을 부당하게 뺏길 지경에 빠진 사람들은 어떻게 할 것인가?"

부당한 패배를 당하느니 정당한 승리를 얻는 것이 정의가 아닌가? 《손자병법孫子兵法》에 주를 단 조조曹操도 서문에서 "부득이용병不得已用兵"이라는 《노자》의 구절을 인용했는데, 약자의 입장에 처해 있거나, 혹은 열세에 처해 있지만 스스로는 정당하다고 확신하는 이들에게 '반격의 기술'을 이야기하는 책이 분명 도움을 줄 수 있다는 생각이 들어 결국 출간하기로 마음먹었다.

단 한 번의 결정적인 승리를 위해 인고한다

이 책의 출간을 결정한 또 하나의 이유는 오늘날 우리 사회의 고전 소비 현상에 대한 반성이다. 예컨대 《손자병법》이 인기가 있으면 대동소이한 책이 한 해에도 수십 종씩 쏟아진다. 그러나 원전이 바뀌지 않는 한 아무리 각색해도 그 내용은 다 오십보백보일 뿐이다. 고전을 연구하는 사람들은 새로운 고전을 찾아 그 내용을 소개할 생각을 하지 않으니, 여기에 기대어 대중적인 글을 쓰는 사람들도 기존에 있는 고전 내용을 조금씩 변형해서 계속 출간할 수밖에 없다. 이런 상태가 지속되면 고전이 현대 문화를 풍부하게 하는 것이 아니라 더욱 척박하게 만들 지경이 되지 않겠는가? 고전의 세계에도 끊임없는 쇄신이 필요하다고 믿는다.

오늘날은 굴삭기 덕분에 땅 속에 잠자고 있던 자료들이 어느 날 갑자기 해를 보는 일이 허다하다. 굴삭기의 성능이 좋아질수록 깊이 숨어 있던 고대가 모습을 드러내어, 현대와 고대의 예기치 못한 보완작용이 일어나고 있는 것이다. 발굴된 자료들 더미에는 현대의 시각에서 봐도 보물 같은 자료들이 숨어 있다. 〈개려〉 역시 그런 자료다.

〈개려〉 원문은 《장가산한묘죽간》을 따랐다. 참고할 만한 한국어 자료가 전무한 것은 물론 중국어 완역도 별로 없었다. 진우陳宇의 《오자서병법파해伍子胥兵法破解》(군사과학출판사, 2003)를 참고했지만, 이 책의 저자는 고전 전문가가 아니고 번역문도 거의 의역이라 크게 도움을 받지 못했다. 따라서 번역하는 도중에 수많은 방증 자료를 이용했으나 이 책의 성격을 고려하여 그 자료들을 일일이 기록하지 않고 간단한 주만 달았다. 초역이라 분명히 상당한 오류가 있을 것이니 여러분들의 꾸지람을 기대한다. 참고자료로 쓴 한문 원서 중 한국어로 번역된 것들의 출처는 일일이 표기하지 않았다. 번역되지 않은 자료들은 모두 스스로 번역한 것이니 역시 오류가 있을 것이다. 이 점 역시 독자들에게 깊은 양해를 구한다.

이 책은 크게 두 부분으로 되어 있다. 먼저 제1부에서는 《오자서병법》에서 얻을 수 있는 '반격의 조건'을 하나씩 살펴보았다. 대화체로 서술된 《오자서병법》은 어려운 내용이 없어 두어 번 반복해서 읽으면 전반적인 의미를 파악할 수 있을 것이다. 동양 고전이나 한문에 익숙하지 않은 독자라도 핵심 메시지로 정리된 사례들을 읽다보면 누구든 이 책이 전하고자 하는 주제가 무엇인지 이해하기 쉽게 정리해두었다.

그다음 제2부에서는 《오자서병법》의 핵심, 즉 '반격의 실천'으로 역사의 주인공이 된 네 명의 창업자를 사례로 다루었다. 이들 창업자들은 모두 낮은 곳에서 출발했지만 결국 국가를 세운 인고의 실력자들로서 《오자서병법》의 핵심을 이해한 사람들이었다.

먼저 촉한蜀漢을 건국한 유비劉備는 도덕적 근본은 알지만, 전략적으로 정밀한 부분은 잘 응용할 줄 모르는 사람이었다. 하지만 남의 힘을 자신의 것으로 만드는 재주가 있었다. 명나라의 건국자 주원장朱元璋은 다른 나라와 싸움할 때 시간과 공간을 적절하게 배합하는 데 천재였다. 한나라를 세운 유방劉邦은 작은 것을 잃어도 더 큰 것으로 보상받는 데 귀재였다. 마지막으로 현대 중국을 설계한 모택동毛澤東은 가지에서 뿌리까지 《오자서병법》을 완전히 이해한 최고수였다.

물론 짤막한 이야기들로 예를 드는 것이 훨씬 이해하기 편하겠지만, 이리하면 책 전체 내용이 아전인수我田引水격으로 흐를 위험이 있고, 고전 본래의 유장한 의미를 퇴색시키는 것 같아서 네 가지 긴 이야기를 차례로 배열했다. 이들 네 사람은 모두 처음에는 약자에서 출발했지만 비슷한 전략을 가지고 강자들을 상대해왔다. 그들의 성공은 대부분 극적이었는데, 공통적으로 다음 두 가지 원칙을 견지하고 있었다. 하나, 상대보다 빠른가? 둘, 상대보다 명분의 우위를 가지고 있는가?

그러기에 이 책을 읽는 독자들에게 당부한다. 나보다 강한 적보다 빠르지 않고, 명분도 약하다면 그 싸움은 포기하는 것이 낫다. 그래서 고수들은 "싸움은 특수한 것이며 피해야 할 것"이라고 강조했다.

손자孫子는 "전쟁은 승리를 위해 상대를 속이는 것이다", "삶과 죽음의 현장이며 존속과 패망의 갈림길이니, 반드시 신중히 살펴야 한다"고 했다. 오기吳起는 "다섯 번 승리한 자(나라)는 화를 입었고, 네 번 승리한 자는 피폐해졌으며, 세 번 승리한 자는 패자霸者가 되었으며, 두 번 승리한 나라는 왕자王者가 되었으며, 오직 한 번 싸워 한 번 승리한 자가 황제가 되었다"고 했다. 이렇듯 여러 번 이긴 자는 결국엔 망한다.

다시 한 번 강조하지만 병서는 삶의 지침서가 아니다. 병법은 근본적으로 속임수다. 그럼에도 격전장에서 어쩔 수 없이 말을 탔다면 단 한 번의 결정적인 승리를 위해 인고하라. 그러나 승리를 얻었다면? 지체 없이 말에서 내려라. 그리고 이 책을 비롯한 모든 병서를 한 켠에 던져두고 삶의 정도로 돌아가라. 삶과 전쟁의 차이는 이어짐과 끊어짐의 차이다. 승패는 한 번에 갈리지만 삶은 이어져야 한다. 그러기에 싸움을 일상적으로 구사하고, 이기는 것을 즐기는 이들은 반드시 크게 망하는 것이다.

이 책에는 '약자의 결정적인 한 방'이 들어 있다. 독자들은 이 책을 통해 약자의 운명이 속절없는 패배는 아니라는 것을 실감하게 될 것이다. 이 책을 읽으면서 잠시 자신만의 승리 방법을 설계해보기 바란다.

2014년 3월
공원국

○ 차례

들어가는 말 부당한 상대에게 날리는 회심의 한 방 · 4

1 주도면밀한 공략이 필요하다
반격의 조건

제1장 싸움에서 이기려면 자부심을 내세워라_반격의 시작
나는 옳고, 너는 그르다 · 20
나는 정의롭지만, 너는 부당한 짓을 한다 · 23

제2장 싸우기 전에 내부를 먼저 다스려라_출정 전야
특권을 누리려 하는 자를 제거한다 · 32
자신의 이익만 챙기는 자를 피한다 · 37

제3장 마음은 필사必死에, 몸은 필생必生에 두어라_전장의 포진
승리를 확신하면 용감해질 수 있다 · 39
가장 안전한 곳, 깊숙한 곳에 진을 친다 · 42

제4장 강자를 상대할 수 있는 핵심을 파악하라_반격의 요결
하늘이 도울 때 공격한다 · 46
지치고 분열된 적만 친다 · 51

제5장 최후의 승부수로 적에게 타격을 입혀라_반격의 필살기

준비되지 않았을 때를 노린다 ·61
적의 견실함을 태만함으로 바꾼다 ·63
기동력으로 적의 주력을 상대한다 ·64
승리를 위해서는 일부러 져줄 수도 있다 ·65
배부른 자는 싸울 수 없다 ·67
돌아가는 적을 칠 때 선두는 보내준다 ·69
우리 땅에서는 우리에게 주도권이 있다 ·71

2 위기 속에서도 기사회생하다
반격의 실천

제1장 핍박당해도 와해되지 않는다_하수 유비

자신의 운도 지킬 줄 몰랐던 야심가 유비 ·76
약점을 먼저 드러내 상대를 안심시킨다 ·77
자립할 능력이 없으면 좋은 인재를 구한다 ·80
세력을 모으려면 대의가 필요하다 ·82
달아나는 동시에 반격의 기회를 찾는다 ·86
상대의 욕망을 거꾸로 이용한다 ·90
준비되지 않은 적의 틈새를 노린다 ·98
나의 과실을 드러내 적을 교만하게 만든다 ·101
두 가지 마음을 품은 사람은 아군이어도 경계한다 ·104
상대가 예측할 수 있는 전략은 피한다 ·107

제2장 | **적시에 움직여 단번에 덮친다**_중수 주원장

인간의 고통을 먼저 헤아린 탁발승 주원장 ・113
먹을 것을 해결하는 자만이 살아남는다 ・114
주동적으로 적을 유인한다 ・118
단결되지 않은 적은 무섭지 않다 ・123
구원의 기대감이 없는 상대를 친다 ・125
패배를 만회하기 위한 싸움은 모든 것을 잃게 한다 ・129
올바른 다스림을 위한 승리만 인정받을 수 있다 ・132

제3장 | **되로 주고 말로 받는다**_상수 유방

패배할수록 더 강해지는 전략가 유방 ・136
비천한 출생이 성공과 출세를 결정할 수는 없다 ・140
적의 중심은 피하고, 준비되지 않은 곳을 빠르게 쳐라 ・143
조직원의 신뢰를 잃은 리더는 패한다 ・144
대중의 지지를 받는 자가 먼저 고지를 점령한다 ・149
상대의 전의가 강할 때는 성급히 맞서지 않는다 ・154
배부른 고양이는 쥐를 잡지 못한다 ・158
적의 분열을 이용해 후방을 친다 ・163
욕심과 자만은 함정에 빠지는 지름길이다 ・168
승리한 자는 끝까지 겸손해야 한다 ・172

제4장 │ 모든 전략을 지혜롭게 활용한다 _고수 모택동
전세를 뒤집은 역전의 명수 모택동 ·177
병력을 분산시키는 모험은 하지 않는다 ·180
적의 힘이 빠졌을 때, 전력을 다해 공격한다 ·183
유격과 대장정, 반격의 디딤돌이 되다 ·188
대의에 호소해 세력을 키우다 ·194
후퇴하는 적의 뒤를 끝까지 추적한다 ·197
적이 진격하면 나도 진격한다 ·201
마지막 승부가 시작되면 미적거리지 않는다 ·207
승리할 때까지 자원을 함부로 낭비하지 않는다 ·211
말 위에서 얻은 것은 말 위에서 지킬 수 없다 ·217

부록　오자서와《오자서병법》·220
　　　《오자서병법》원문 ·228

1

주도면밀한 공략이 필요하다

_반격의 조건

《오자서병법》은 오나라 왕 합려와 오자서의 대화로 이루어져 있다. 합려는 서쪽의 강국 초나라와 양자강 이북의 땅을 놓고 일진일퇴의 공방을 벌이고 있었다. 오자서는 원래 초나라 사람이었으나 간신 비무극費無極의 무고로 아버지와 형이 살해되자 오나라에 망명하여 초나라에 대한 복수를 기약하는 사람이다. 초나라라는 공동의 적을 둔 이 두 사람이 장차 어떻게 오나라를 강력하게 만들어 초나라를 상대할 수 있는지에 대한 이야기가 《오자서병법》의 내용이다. 하지만 그들의 상대인 초나라는 춘추전국을 통틀어 가장 넓은 땅과 풍부한 물자를 가지고 명실공히 남방의 패자를 자처하는 강국이다. 오나라처럼 조그만 나라가 어떻게 초나라라는 대국을 상대할 것인가? 이에 대해 오자서는 반격의 가장 기본 전제인 준비 단계부터 시작해 마지막 필살기 단계까지 조목조목 자신의 생각을 피력한다.

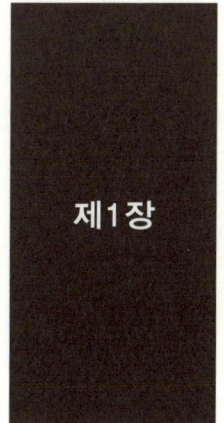

제1장

싸움에서 이기려면 자부심을 내세워라 _반격의 시작

> 백성들이 모두 자기 군주가 옳고 이웃나라가 그르다 하면 그 싸움은 이미 이긴 것이다.
> – 오기, 《오자병법吳子兵法》

《오자서병법》의 전제는 강한 초나라가 약한 오나라를 무너뜨리려 하고 있다는 것이다. 약한 오나라로서는 당장 결정해야 할 사안이 있다. 항복할 것인가, 달아날 것인가? 맞서 싸울 것인가, 물러나서 기회를 볼 것인가?

물론 항복하거나 달아날 수는 없다. 그렇다고 무작정 의기만 앞세우며 싸운다면 승리할 수 있을까? 많은 사람들은 현실과 환상을 구별하지 못하고 백절불굴百折不屈·칠전팔기七顚八起의 정신력만 갖추면 이길 수 있다고 말한다. 하지만 현실은 어떤가? 양쪽의 힘이 같을 경우에는 첫 번째 싸움에서 이긴 상대가 또 이길 확률이 훨씬 높다. 이긴 자는 또 이길 수 있다고 생각하고, 진 자는 또 질까봐 두려움에 빠져 있기 때문이다. 게다가 싸움에서 두 번 거듭 진 장수를 따르는 병사들에게는 이미 승리에 대한 믿음이 없다.

그런데 양측의 실력에 현격한 차이가 날 때 계속된 패배를 따르는 병사들이 있을까? 만약 그런 병사들이 있다면 그들이야말로 백절불굴·칠전팔기의 정신력을 갖춘 이들임에 틀림없겠지만, 동시에 뭔가 결함이 있는 이들인 것도 틀림없다.

그래서 승리할 수 없는 싸움은 하지 않아야 한다. 지금 말하는 싸움은 친구들끼리 흔히 하는 말다툼이 아니라 개인의 목숨과 나라의 운명이 결정되는 살벌한 전쟁이다. 그래서 손자도 "전쟁은 죽고 사는 갈림길이니 반드시 심사숙고하여 개시한다"는 말을 병서의 첫머리에 놓았다. 하물며 우리는 약하고 상대는 강한데 쉽게 싸움에 응할 수 있겠는가? 그럼에도 싸움을 하려 한다면, 먼저 어떤 조건을 갖추고 있어야 하는지를 오자서가 대답한다.

나는 옳고, 너는 그르다

먼저 합려는 오자서에게 싸움이 난무하는 세상에서 생존의 요체를 묻는다.

합려 오늘날과 같이 서로 싸우는 천하에서 어떻게 하면 무너지고 어떻게 하면 흥합니까? 어찌하면 높아지고 어찌하면 낮아집니까?

백성을 다스릴 때는 무엇을 삼가고 무엇을 따라야 합니까? 그들을 부리는 방도로는 무엇이 상책이고 무엇이 하책입니까?

하늘의 법칙을 따르자면 무엇을 피하고 무엇을 받아들여야 하고, 땅의 덕을 행하자면 무엇을 본받고 무엇을 지극히 해야 합니까? 용병의 지극함을 이루려면 무엇을 따라야 합니까?

여기서 오자서는 의외로 '도道'를 방도로 들고 나온다.

오자서 무릇 천하는 도가 없으면 무너지고 도를 갖추면 흥합니다. 의를 행하면 높아지고 의를 버리면 천해집니다. 백성을 다스리는 도리는 그들을 먹이는 것이 근본이며 형벌은 말단이니, 덕정德政이 최고입니다. 백성을 부리는 방도로는 그들을 편안하게 하면 창성할 것이요, 위태롭게 하면 망할 것입니다. 그들에게 이익을 주면 부유해질 것이요, 손해를 끼치면 재앙을 당할 것입니다.

하늘의 법칙을 따름에, 천시를 거스르면 화를 입을 것이요, 따르면 복을 받을 것입니다. 땅의 덕을 행함에 (농사의) 시기를 잘 맞추면 해마다 풍년을 맞아 백성은 배불리 먹을 수 있을 것이나, 시기를 잃으면 국가를 위태롭게 하고 사직을 기울이게 됩니다.

무릇 용병을 도모할 때는 반드시 천시를 얻어야 왕자王者의 이름을 이룰 수 있으니, 이를 천시天時를 따른다고 하는 것입니다. (중략) 다스려지지 않으면 부서져 망하고, 다스려지면 장수할 수 있습니다.

《오자서병법》의 첫머리는 의외로 도와 덕으로 시작된다. 그리고 이 부분은 《오자서병법》의 대전제다. 오자서는 도의, 덕정, 천시, 지덕 등 정도正道를 따라야 흥할 수 있다고 한다. 우리가 만약 반격을 하려면, 지금껏 도의를 지키고 덕정을 베풀며 천시와 지덕을 따랐는지를 먼저 돌아보고 실천해야 한다는 뜻이다.

그렇다면 도란 무엇일까? 《손자병법》에는 "(병가에 있어) 도라는 것은 백성들로 하여금 그 위와 뜻을 같이하게 하는 것이다"라고 건조하게 기록되어 있지만, 오자서가 말하는 도는 그보다 훨씬 도덕적이고 구체적이다. 도란 쉽게 말해 백성들에게 바른길[正道]을 행하는 것이고, 정도에 따라 다스리고 부리는 것이 바로 천시를 따르는 것이라고 주장한다. 다시 말하면, "당신의 울타리 안에 있는 백성들에게 정을 베풀고, 그들에게 이익을 주었는가?"라고 묻는 것이다. 당신이 싸우고자 할 때 당신의 울타리 안에 있는 백성들이 호응할 수 있는 조건을 갖추고 있는지를 물어야 한다는 뜻이다. 이렇듯 도의와 덕정은 반격을 위한 선결 조건이고, 도의에 따른 덕정이 이루어질 때 우리는 '정의'로운 마음으로 상하가 하나가 되어 싸움에 임할 수 있다는 것이다.

춘추시대의 진晉 문공文公을 춘추시대의 패자로 올렸던 호언狐偃은 "정의의 군대는 씩씩하다"고 했는데, 바로 오자서가 그 이야기를 하고 있다. 약한 자가 싸움을 할 때 우리는 정의롭다는 자부심이 있어야 한다. 우리의 울타리 안에 있는 사람들은 보호받고 있으며 행복하다. 그럼에도 상대방이 우리를 기어이 치고자 한다면 우리는 그들과 함께 당당하게 맞서 싸울 수 있다. 왜냐하면 우리의 정의로운 길이 위협받고 있기 때문이다.

용병에서 천시를 중시하는 것은 《오자서병법》의 특징인데, 천시란 크게는 백성의 생업과 관련된 절기를 말하고, 두 번째는 상대의 부덕함으로 인해 민심이 우리 쪽으로 기우는 형세를 말하며, 마지막으로는 군사를 낼 때 아군에게 유리한 시기를 말한다. 천시의 도움이 있어야, 혹은 천시의 이치를 따라 싸움을 준비해야 승리할 수 있다고 말하고 있는 것이다.

자, 우리가 옳다고 확신할 때 싸움을 생각해볼 수 있다. 하지만 그 반대의 경우라면 반격은 생각지도 말아야 한다.

나는 정의롭지만, 너는 부당한 짓을 한다

우리는 정의의 길 위에 서 있다. 그런데 상대는 우리의 길을 방해하고 억압하고 있다. 그렇다면 우리는 반격해야 한다. 그렇다고 무작정 싸울 수 있는가? 그렇지 않다. 상대는 여전히 강하고, 우리는 아직 약하다. 우리가 덕을 갖추어 상하가 일심동체가 되었다고 해도 상대도 마찬가지로 일심동체라면 싸워 승리할 수 있는 가능성은 희박하다. 싸움이란 이길 수 있을 때 싸워야 한다. 그렇다면 오자서가 말하는 싸움의 전제 조건은 무엇인가? 그것이 바로 덕공德攻이다. 우리는 정의로운데 상대가 정의롭지 않을 때 비로소 반격의 명분과 승산이 있다는 말이다.

합려 덕으로 친다는 것은 무엇을 말합니까?

오자서 덕이 없으면서 스스로 군주가 되고 왕이 된 자는 쳐도 좋습니다. 난폭하여 친근한 이가 없는 자, 탐욕스러워 인仁이 없는 자, 그런 자를 칩니다. 심하게 (세금을) 걷고 남의 것을 강제로 뺏는 자를 칩니다. 형벌이 엄하고 백성을 부림이 가혹한 자를 칩니다. 명령은 굼뜨면서 징집은 급하게 하고, 가혹하게 부려서 이기는 것을 추구하는 자를 칩니다. 폭란하여 친애하는 이가 없으면서 서로 속이는 자를 칩니다. 대중은 피로하고 사졸은 지치게 하여 대중에게 근심과 걱정을 크게 끼치는 자를 칩니다. 국도는 비고 변방의 수비는 허술한데 옹호해줄 친한 이가 없는 자를 칩니다. 뭇 신하들이 만류하는데도 사흘이 멀다 하고 명분 없이 병사를 쓰는 자를 칩니다. 땅은 크나 수비가 없고, 성은 많으나 민심을 모으지 못한 나라를 칩니다. 공실의 건축에 법도가 없고, 커다란 대사臺榭 따위를 지어 민력을 낭비하고, 백성에게 거둬들이는 것을 무겁게 하는 자를 칩니다. 나라는 크나 덕은 쇠미하고, 한발이 들어 굶어 죽는 이가 넘치는 나라를 칩니다.

어떤 적이라야 칠 수 있는가? 바로 덕이 없는 적이다. 덕은 정치의 바른길을 의미한다. 덕을 잃었다는 것은 정치가 바르지 않다는 뜻이다. 조직이나 군주가 바른길을 가지 않으면 당연히 사람들은 이반하고 따르지 않게 된다. 때문에 덕을 잃은 적은 겉으로는 강해보일지라도 실제로는 허약하다. 그래서 우리가 덕으로써 반격하면 승리할 수 있다. 왜냐하면 눈에 보이는 적보다 눈에 보이지 않는 아군이 훨씬 많기 때문이다. 오자서는 덕을 잃은 적을 치는 것을 "난을 구제하는 길 〔救亂之道〕", 즉 정의로운 싸움이라고 규정한다.

이제 각 항목들을 구체적으로 검토해보자. 여기서 오자서는 조직(국가)의 전체적인 상태와 우두머리(군주)의 자질을 구분하여 하나하나 설명하고 있다.

"덕이 없으면서 스스로 군주가 되고 왕이 된 자는 쳐도 좋다"는 뜻은 상대 조직의 우두머리가 정통성이 없고 덕도 없다면 사실은 상하가 일심으로 단결하지 못하고 있기 때문에 반격하면 이길 수 있다는 것을 말한다.

중국 역사 연표를 보면 전한과 후한 사이에 15년 동안 반짝하고 망한 왕망王莽의 신新이라는 나라가 나온다. 왕망은 원래 한나라의 최고 권력자의 위치에 있으면서 황제가 될 욕심으로 우물에서 "왕망이 황제가 되리라"라는 글을 발견했다는 등 조작을 통해 제위를 찬탈한 사람으로, 오자서가 말한 덕이 없으면서 스스로 군주가 된 왕이었다. 그는 신나라를 세우고 황제가 된 후 비현실적인 복고적 개혁 정책을 추진하다 결국 각지의 농민과 호족의 반란을 불러일으켰다.

후한을 세운 광무제光武帝 유수劉秀도 반란자 중 하나였다. 유수의 호족연합군이 수도 근처 곤양昆陽을 점령하자 왕망은 반란을 진압하기 위해 무려 42만 명의 대군을 보냈는데, 유수의 연합군은 성안 병력과 구원군을 합쳐 채 1만여 명도 안 되었다. 누가 보기에도 승패는 왕망 쪽으로 기울어 보였다. 하지만 유수의 병사는 일기당천一騎當千의 용사였고, 왕망의 군대는 비록 수는 많지만 덕을 잃고 상하가 분리된 오합지졸이었다. 게다가 큰 비가 내리는 천시의 도움까지 더해져 중국 역사에서 소수의 군대로 다수의 군대를 이긴 대표적인 역사가 만들어졌다.

상대 조직의 우두머리가 난폭하여 가까이에 사람이 없는 경우, 또 욕심이 많아서 남을 고려하지 않는 경우와 "폭란하여 친애하는 이가 없으면서 서로 속이는 자를 친다"는 말은 서로 비슷하다.

옛날 중국 은殷나라의 주왕紂王은 살인이 취미요, 고문이 특기였는데, 자신에게 조금이라도 입 바른 소리를 하는 충신들은 살려두지 않았다. 그때, 주周 무왕武王이 들이치니 은왕 주의 선봉부대가 "창을 거꾸로 잡고 도리어 자기 진영으로 뛰어들었다(前徒倒戈)"고 한다. 겉으로는 강대하게 보이는 은나라였고, 주왕은 무소불위의 권력을 휘두르고 있었지만 사실은 내부 갈등으로 상하의 마음이 완전히 갈라서 주왕의 주위에는 나라를 지킬 사람이 없고, 동원된 백성들도 더 이상 주왕을 위해 싸우지 않았던 것이다. 오자서는 "적의 외양이 대단하다고 하더라도 우두머리가 자질이 없어 그 주위에 인재들이 없으면 사실은 약하다"고 말하고 있다. 이렇게 상대 조직의 상층부가 서로 속이며 단결되어 있지 못하다면 그런 조직은 이미 속병이 든 것이고, 싸움이 시작되면 결국 스스로 무너지게 마련이다.

그다음으로 "심하게 세금을 걷고 남의 것을 강제로 뺏는 자(賦斂重, 强奪人者)"란 상대 조직의 대외적인 행태를 말하는 것으로 이해할 수 있다. 이어 "명령은 굼뜨면서 징집은 급하게 하고, 가혹하게 부려서 이기는 것을 추구한다"는 것은 상대 조직의 내부 행태를 말하는 것이다. 자기 조직의 욕심을 채우기 위해 남의 고통을 아랑곳하지 않는 조직, 말하자면 남의 눈물로 살아가는 조직은 일시적으로는 강해보이지만 의외로 약점이 많다. 특히 이런 조직은 일이 생기면 도움을 주는 사람이 없어 한 번 무너지기 시작하면 일시에 무너진다.

6국을 거침없이 극복하고 전국시대를 통일한 진秦나라는 겨우 20년만에 농기구를 든 농민들에게 무너지고 말았다. 천하무적이었던 군대가 어떻게 농기구를 든 오합지졸들에게 하루아침에 무너질 수 있었을까? 바로 진나라 왕이 명령은 굼뜨면서 징집은 급하게 하고, 가혹하게 사람들을 부렸기 때문이다. 당시의 명령은 이러했다. "몇 월 몇 일까지 변경의 주둔지로 가서 병역을 이행하라. 정해진 시간에 도착하지 못한 자는 모두 목을 벤다."

그러나 농민들이 변경으로 가는 중 비는 오고, 길은 끊어져 도저히 시간에 대도록 가지 못하자, 무리를 이끌던 진승陳勝이 호소했다.

"이렇게 가다가는 도저히 시간에 맞춰 도착할 수 없다. 도착해도 죽는 것은 마찬가지다. 그렇다면 싸워라도 보자."

진나라는 북쪽 흉노에 대항하려고 장성을 쌓고, 또 농민들을 가혹하게 부려 변경으로 보내다 결국 난을 불렀다. 자기 사람들을 가혹하게 부려서 기한이나 목적치를 달성하려 하는 조직도 진나라처럼 한 번 무너지면 걷잡을 수 없다. 이런 조직에 대해 덕으로 무장한 우리가 반격하면 승리할 수 있다.

"대중은 피로하게 하고 사졸은 지치게 한다"는 말과, "뭇 신하들이 만류하는데도 사흘이 멀다 하고 명분 없이 병사를 쓴다"는 말은 서로 비슷하다. 오자서와 관련된 일화를 한 번 들어보자. 춘추시대 말기 오왕 합려는 오자서를 등용하여 중원을 위협하는 강국이 되었다. 합려는 오자서의 계책을 써서 초나라를 멸망시킬 지경까지 몰고 갔다. 그런데 합려가 죽고 왕위에 오른 부차는 싸움을 걸고 이기는 데 너무 재미를 들였다. 오자서가 목숨 걸고 간해도 듣지 않고 계속 중원을 공략하다가 급기야 월越나라에 후방을 공략당해 나라가 망하고 말았다.

많은 전략가들이 오나라의 멸망을 이렇게 평했다. "부차가 망한 이유는 너무 많이 싸우고, 너무 많이 이겼기 때문이다." 승리를 과시하고자 하는 이, 싸움 자체를 즐기는 이, 오직 싸움으로 문제를 해결하려 하는 이들은 생각보다 강하지 않다. 쉴 때를 모르고 힘을 너무 많이 소진했기 때문이다.

"국도는 비고, 변방의 수비는 허술한데 옹호해줄 친한 이가 없다"는 것은 몸집 불리는 것에만 신경 쓰고 내실을 쌓지 못한 조직을 말한다. 내실 없이 밖으로만 빠르게 팽창하다 보면 아무래도 중심이 비게 마련이다. 그리고 중심이 비었는데도 이를 보완해줄 세력이 없다면 반격해도 된다. 또 "땅은 크나 수비가 없고, 성城은 많으나 민심을 모으지 못한" 경우 역시 위와 일맥상통한다.

춘추시기 양梁나라의 군주는 토목공사를 좋아하여 백성을 다 거주시키지 못할 정도로 많은 성을 쌓았는데, 결국 빈 성이 많았다. 그런데도 백성들이 피폐하여 견디지 못하겠다고 불평하면 적이 곧 쳐들어 올 것이므로 성을 쌓아야 한다고 속이고, 마지막에는 수도 주위에 호를 파면서 진秦나라가 곧 습격할 것이라고 말했다. 그러자 백성들이 성에 들어가 지킬 생각은 하지 않고 오히려 두려워 모두 달아나 버렸다. 결국 애초 의도와 달리 진나라는 손쉽게 양나라를 점령할 수 있었다.

"공실의 건축에 법도가 없고, 커다란 대사臺榭(누각) 따위를 지어 민력을 낭비하고, 백성에게 거둬들이는 세금을 무겁게 하는 자"란 어떤 이를 말하는가? 역사적으로 보면 수양제隋煬帝 같은 사람이 그런 이다. 수양제는 선대로부터 막대한 부를 물려받았지만, 고구려를 세 차례나 침입했으나 실패했고, 또 운하를 판다고 백성들을 고통에 빠뜨렸다. 게다가 그는 형과 아버지 문제를 죽이고 제위에 오른 음모가로 음탕하고 덕이 없었다. 그러니 수양제는 오자서가 앞서 말한 모든 결격 사유를 갖췄다고 할 수 있다. 이렇듯 상대가 아무리 거대해 보이더라도 우두머리가 정통성이 없고 자질도 없으며, 백성을 괴롭히고 있다면 싸우면 승산이 있다.

마지막으로 "나라는 크나 덕은 쇠미하고, 한발이 들어 굶어 죽는 이가 넘치는 나라"도 위와 비슷한 의미로 읽을 수 있다. 나라는 부유하지만 백성은 가난하다면 누가 그 나라를 지킬 수 있겠는가? 이런 조직은 비록 크다고 해도 상대해볼 만하다는 것이다.

《오자서병법》의 전제는 "나는 약하고 상대는 강하다"는 것이다. 그럼에도 먼저 쳐야 될 자들이 있는데, 바로 겉은 화려하나 속은 빈 자들, 자기 울타리 안을 잘 다스리지 못하는 자들이다. 이들은 한마디로 덕을 잃은 자들로, 모두 겉으로는 강해보이지만 내부에 허점을 가지고 있는 상대다. 그런 상대는 내가 덕을 갖추고 있다면 싸워서 이길 수 있다는 것이다.

오자서는 말한다. "나는 난리를 구제하는 사람, 옳음으로 그름을 치는 사람이다. 지금 나는 옳은 행동으로 강해졌고, 적은 그른 행동으로 약해져 있다."

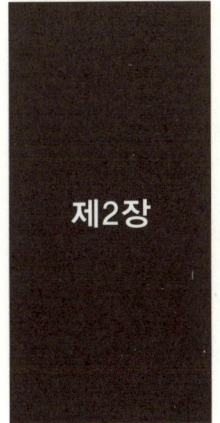

제2장

싸우기 전에 내부를 먼저 다스려라* _출정 전야

> 무릇 군대를 써서 나가 싸우는 근본은 백성과 하나 되는 데 있습니다. 활과 화살이 조화되지 못하면 천하 명궁 후예라도 표적을 맞추지 못하고, 마차를 끄는 여섯 마리 말이 불화하면 천하의 마부 조보라도 멀리까지 달릴 수 없습니다.
> – 순자, 《순자》

강해보이지만 바르지 않은 적이 앞에 있다. 그리고 그가 항복할 생각이 없다면 어쩔 수 없이 우리는 싸워야 한다. 그렇다면 바로 싸움을 시작해도 되는가? 그렇지 않다. 《손자병법》에 "적을 알고 나를 알면 백 번 싸워도 위태롭지 않다(知彼知己, 百戰不殆)"라는 말이 있다. 나를 안다는 것은 나의 강점과 약점을 안다는 것이다. 그러나 막상 싸움이 벌어지자 내가 알고 있는 내가 실제 나와 다르다면 어떻게 할 것인가? 그래서 싸움은 전장에만 있는 것은 아니다.

● 원래 이 대화는 〈개려〉 원문에서는 가장 뒤쪽에 있다.

앞서 오자서는 싸울 수 있는 상대의 조건에 대해 이야기했다. 그렇다면 우리는 어떤가? 우리는 그들과 달리 상하가 하나로 되어 있고 겉과 속이 그대로 일치하는가? 싸움에서 상대의 잘못만 크게 보고 자신의 문제는 작게 보고 있지 않은가?

그래서 오자서는 말한다. "약한 자는 싸움 전에 반드시 내부를 먼저 다스려야 한다." 싸울 마음의 준비가 되어 있는가, 싸울 만큼 상하가 단합되어 있는가? 내부를 흔드는 자는 누구인가? 내부를 흔드는 자를 먼저 치면 싸움에서 우리 자신을 믿을 수 있다. 그렇다면 최소한 위태롭지는 않을 것이다.

특권을 누리려 하는 자를 제거한다

합려와 오자서는 먼저 내부의 적에 대해 토론한다.

합려 하늘이 백성을 내지만 무조건 영원히 아끼지는 않아서, 그들에게 도움을 주면 창성하고 해를 주면 멸망한다고 합니다. 과인은 백성을 해치는 자들을 죽이려 합니다. 어떤 자를 치면 좋을까요?

오자서는 내부의 적, 덕정을 거스르는 자들을 하나씩 열거한다.

오자서 신분이 귀하나 의가 없고, 부유하나 베풀지 않는 자는 쳐야 합니다. 부형에게 효도하지 않고 노인을 공경하지 않는 자를 쳐야 합니다. 동생에게 자애롭지 않고 차례를 따르지 않는 자를 쳐야 합니다. 시장에서 값을 후려쳐서 강제로 매입하는 짓을 일삼는 자를 쳐야 합니다. 동리에 거처하면서 정직하지 않고, 강폭하여 이장의 말을 듣지 않으며, 이장에게 고하지 않고 함부로 동리를 출입하는 자를 쳐야 합니다. 군주(공)의 후손으로서 그 이웃을 난폭하게 대하고 업신여기는 자를 쳐야 합니다. 관리가 되어 바르지 않고, 법을 구부려 일부러 일을 어렵게 만들어 소송인으로부터 이득을 취하는 자를 쳐야 합니다. 밭에서 일하기를 기꺼워하지 않고, 여기저기 드나들며 손님 노릇을 하는 자를 쳐야 합니다. 걸핏하면 다른 사람의 물건을 빼앗고, 어울려 다니지만 친애하는 이가 없고, 남을 배반하기를 즐기는 자를 쳐야 합니다.

이렇게 오자서는 마치 도덕 교과서에나 나올 법한 이야기를 늘어놓는다. 그러나 사실은 전혀 그렇지 않다.

오자서가 말하는 것은 크게 두 가지다. 우선 여러 가지 특권을 이용해서 이익을 취하는 자들이나, 이미 특권을 얻었으나 베풀지 않은 자들은 내부의 적이다. "신분이 귀하나 의義가 없고, 부유하나 베풀지 않는 자"가 그런 자들이다. 독점적인 능력을 이용해서 "시장에서 값을 후려쳐 강제로 매입하는 짓을 일삼는 자"는 경제 질서를 어지럽히는 자다. "군주(공)의 후손으로서 그 이웃을 난폭하게 대하고 업신여기는 자"는 신분상의 특권을 이용해서 보통 사람을 학대하는 자다. "관리가 되어 바르지 않고, 법을 구부려 일부러 일을 어렵게 만들어 소송인으로부터 이득을 취하는 자"는 직위상의 특권을 이용하는 자다.

왜 특권을 행사하는 자나 특권의식을 가진 자는 내부의 적일까? 싸움에서는 아래 위의 단합이 제일 중요하다. 혹은 개인이 싸움을 하더라도 온몸이 유기적으로 움직여야 한다. 복싱 선수가 링 위에서 움직이는데 머리, 팔, 다리가 다 따로 움직인다면 이길 수 있을까? 스트레이트를 칠 때는 허리와 다리가 동시에 따라가야 하는데, 그냥 팔만 뻗으면 아무런 타격도 줄 수 없는 것과 마찬가지다.

그런 예는 수두룩하다. 몽골 제국의 제2대 칸 우구데이는 전장에서 신분을 믿고 분열을 조장하는 것은 바로 패망으로 가는 길임을 알았다. 1240년 당시 세계로 뻗어나가던 몽골 제국의 군대는 슬라브 세계의 중심도시 키예프에 도착했다. 그리고 그들은 거침없이 유럽을 짓밟았다. 대승을 거둔 후 잔치가 열렸다. 칭기즈 칸의 첫째 아들 주치의 둘째 아들, 즉 칭기즈 칸의 손자이자 당시 전장의 사령관이던 바투가 먼저 술잔을 들었다. 그것은 당연한 처사였다. 그때 우구데이의 아들 구육이 이의를 제기했다. 자기가 칸의 아들인데 어떻게 먼저 바투가 잔을 들어야 하느냐는 항의였다.

바투든 구육이든 다음 칸의 자리를 노리고 있었기 때문에 연회장의 싸움은 사실상 다음 칸 자리를 염두에 둔 권력 싸움이었다. 구육의 편에 있던 부리가 자리를 박차고 나서면서 내뱉었다.●

"수염 난 노파들이 대등하게 굴고 있으니, 뒷발바닥으로 밀고 앞발

● 유원수 역주, 《몽골비사》(사계절출판사, 2006)에 따라서 정리했다.

바닥으로 밟아야겠다."

구육도 나서며 한 소리를 했다.

"화살 통을 가진 저 노파들의 가슴을 너(부리)와 내가 도려내버리자."

이렇게 모욕을 당한 바투는 우구데이 칸에게 서신을 보냈다.

"숙부님, 부리와 구육이 저런 말을 하고는 잔치장을 떠나버렸습니다."

몽골 제국의 두 번째 칸 우구데이의 반응은 어땠을까? 그는 칸의 아들이라는 지위를 이용해서 적전 분열을 조장한 구육을 용서하지 않았다. 우구데이는 격분했다.

"이 형편없는 놈이 누구 말에 부화해서 제 형 되는 사람(구육의 사촌형 바투)에게 입찬 소리를 하는 것인가? 달걀 한 개쯤이야 썩게 놔두어라. 형의 가슴에 적대를 하다니."

우구데이는 노발대발하며 자신의 아들을 처벌하려 했으나 주위에서 진정시켰다.

"칭기즈 칸께서는 싸움터의 일은 싸움터에서 처리하게 하셨습니다. 바투에게 맡기는 것이 어떻겠습니까?"

이리하여 가까스로 마음을 진정시킨 우구데이 칸은 아들을 훈계했다.

"너는 병사들의 사기를 꺾었다. 싸움에서 몇 번 이긴 것이 네 공이냐? 모두가 협력해서 싸웠다. 그런데 너는 겨우 적 몇 명을 잡았다고 대단한 공을 세운 것처럼 큰소리를 치고 있다."

그러고는 아들에게 명을 내렸다.

"구육은 바투에게 보내 알아서 처리하게 하라. 부리는 차카타이 형(우구데이 칸의 형)에게 보내 처리하시라고 하라."

우구데이 칸은 비록 자신의 아들이었지만 구육의 월권행위를 용서하지 않았다. 이리하여 바투는 총사령관으로서의 위엄을 지킬 수 있었다. 실제로 바투는 칭기즈 칸의 손자들 중에서 가장 유능했기 때문에 전장을 지휘하고 있었다. 만약 우구데이 칸이 구육을 비호했다면 바투가 이반했을 것이고, 대부분의 유목왕조처럼 몽골 제국도 더 이른 시기에 분열했을 것이다.

특권을 인정하면 조직은 분열한다. 작고 분열된 조직으로 크고 강한 조직을 상대하는 것은 섶을 지고 불길로 뛰어드는 것과 마찬가지다. 겨우 몇십만 명 인구의 만주족이 1억 명이 넘는 한족을 정복하여 청 제국을 세운 일은 아직도 역사가들을 당혹하게 하는 불가사의다. 숫자로만 따진다면 그들은 약弱 중의 약이었다. 그런 만주족이 흥기할 발판을 닦은 이가 바로 우리와 악연이 있는 청태종 홍타이지皇太極다.

홍타이지는 조선을 침공하여 항복을 받아냈고 명과의 전장에서도 가장 혁혁한 공을 세우던 실력자 아민을 전격적으로 체포했다. 죄명 중 제일 중한 것이 바로 성을 점령한 후 주민들을 학살한 것(屠城)이었다. 아민은 홍타이지와 함께 만주족 4대 버일러(귀족)로 인정되던 장군으로, 홍타이지의 사촌 형제이며 전장에서는 역전의 용장이었다. 그럼에도 그를 죽인 것은 "신분이 귀하나 의義가 없었기" 때문이었다. 청태종은 항복한 사람들을 죽이지 않는 방법으로 중국을 장악하고자 했는데, 아민이 그 대의를 지키지 못했기 때문에 신분이 귀하더라도 용서할 수 없었던 것이다. 물론 복잡한 권력관계가 작용했겠지만, 아민이 의롭지 못한 행동으로 국가의 기강을 어지럽힌 것은 사실이다.

자신의 이익만 챙기는 자를 피한다

오자서가 그다음 내부의 적으로 지목한 이는, 기본적인 도덕률을 지키지 않거나 무리를 짓고 다니지만 생산적인 일을 하지 않는 자들이다.

"부형에게 효도하지 않고 노인을 공경하지 않는 자", "동생에게 자애롭지 않고 차례를 따르지 않는 자", "걸핏하면 다른 사람의 물건을 빼앗고, 어울려 다니지만 친애하는 이가 없고, 남을 배반하기를 즐기는 자", "밭에서 일하기를 기꺼워하지 않고, 여기저기 드나들며 손님 노릇을 하는 자(혹은 손님을 모으는 자)"들이 바로 그런 자들이다.

여기서 오자서가 말하는 내부의 적은 공동체의 공동선과 질서를 해치며 사적으로 이익을 꾀하는 무리들로 이들은 조직 내부의 단합과 질서를 해치고 다니는 이들이다. 윗사람을 공경하지 않거나, 혹은 아랫사람을 정으로 대하지 않는 구성원이 많다면 그 조직은 어떻게 될까? 혹은 남의 공을 빼앗고, 이익을 위해 무리를 짓고, 이익을 위해 자신들끼리 서로 속이기까지 하는 지도층이 공동체를 이끈다면 어떻게 될까? 혹은 마땅히 해야 할 임무는 팽개치고 이리저리 몰려다니며 파당을 만드는 이들이 지도층이라면? 그런 조직으로는 어떤 싸움도 이끌 수 없다.

간단한 예를 들어보자. 임진왜란이 발발하기 전, 조선 조정은 일본에 통신사를 파견해 실정을 정탐하게 했다. 특히 대마도주는 도요토미 히데요시豊臣秀吉가 반드시 조선을 칠 것이라고 누누이 강조했다. 그러나 통신사의 정사正使와 부사副使의 보고 내용은 다음과 같이 달랐다. 정사 황윤길黃允吉은 "도요토미 히데요시는 야망이 특출한 자로 쳐들어올 것이다"라고 했으나, 부사 김성일金誠一은 "도요토미 히데요시는 별 볼 일 없는 자로, 전란의 징조는 없다"고 보고했다. 같은 상황에 대한 두 사람의 관점은 다를 수 있으나, 보고란 의견을 종합해서 하는 것이다. 따라서 두 가지 보고서를 올린 것은 황윤길과 김성일이 서로 다른 당파인 서인과 동인으로 갈라져 있었기 때문이라고 볼 수밖에 없다. 당시 통신사는 사실상 '약한' 조선의 정찰대라고 할 수 있다. 정찰대가 이미 두 쪽으로 갈라졌는데 본대가 무사할 수 있겠는가? 결국 조선은 속절없이 왜군의 총칼 아래 유린당할 수밖에 없었고, 다시 조선이 반격할 때까지는 많은 고통의 시간을 보낸 후였다.

  임진왜란 당시 조선이 증명했듯이 아군이 하나의 마음으로 뭉치지 못하면 적의 공격을 방어하는 것도 힘들다. 하물며 공세로 전환하는 것을 꿈꿀 수 있겠는가?

제3장

마음은 필사_{必死}에, 몸은 필생_{必生}에 두어라 _전장의 포진

반드시 승리한다는 것을 밝혀주면 자애로는 사람도 용기를 내며, 병기를 예리하게 해두면 어리석은 사람도 현명해지며, 지키지 않는 곳을 공격하면 서툰 사람도 정교해진다. 이것이 이치다.
- 《관자管子》

이제는 반격을 시작할 때다. 부당하지만 강한 적이 정당하지만 약한 우리를 핍박한다. 싸움은 이미 시작되었다. 이제부터는 바로 전장이고, 사태를 되돌릴 수는 없다. 누군가는 쓰러져야 할 이 싸움터 어디에 우리는 몸을 두고, 어떤 마음으로 몸을 추슬러야 할까?

승리를 확신하면 용감해질 수 있다

오자서는 이렇게 말한다. "아군을 안전하고 안전한 곳, 공고하고 공고한 곳에 두라. 오직 마음만은 물러나면 끝장이라는 각오를 다지라."

이 말은 얼핏 들으면 모순처럼 보인다. 안전한 곳에서 투지가 일어날까?

보통 병가들은 이렇게 이야기한다. "사지에서는 원수끼리도 힘을 합친다. 병사들에게 지면 모두 죽는다는 것을 각인시켜라."《손자병법》에서는 "병사들은 빠져나갈 수 없는 곳에서 더욱 두려움이 없어지고, 돌이킬 수 없는 지경에 빠지면 더욱 뭉친다〔甚陷則不懼, 無所往則固〕"고 한다. 무슨 이야기인가? 적진에 들어가려면 차라리 병사들을 깊숙이 몰아넣어야 한다. 적진에서 서로 뭉치지 않으면 살 길이 없다고 병사들이 느끼면 자연스럽게 뭉친다는 이야기다. 그러나 여기서 손자가 한 이야기는 기습전에서 소규모 부대의 전술을 이야기하는 것일 뿐, 전체적으로 보아《손자병법》의 기본 사상은 배수의 진을 결단코 반대한다.

흔히 병사들을 달아날 곳이 없는 곳에 배치한 후 승리한 예로 초한쟁패를 종식시킨 명장 한신韓信의 배수진의 고사를 꼽는다. 한신이 배수진을 쳐서 열 배의 군사력을 가진 조趙나라 대군을 상대했다는 것이다. 그러나 이 이야기에는 커다란 오해가 있다. 한신은 실제로 배수의 진을 치지 않았다. 배수의 진이란 죽기 살기를 각오하고 적과 맞서는 것이다. 그러나 한신의 작전은 그런 것이 아니었다. 한신은 조나라의 대군이 본거지를 비우도록 유인하여 강가로 일부러 달아났다. 그는 이미 정예 별동대를 따로 준비시켜 적의 텅 빈 본거지를 치도록 했던 것이다. 한신은 별동대에게 이렇게 당부해두었다.

"조나라 군대는 우리가 달아나는 것을 보면 반드시 성을 비우고 추격할 것이다. 그때 그대들은 성을 빼앗고 조나라 군기를 뽑고 한나라 군기를 세우라."

강가에 도달한 한신의 부대가 죽기 살기로 싸울 수 있었던 것은 조금만 기다리면 별동대가 적의 본거지를 점령할 것이라는 확신 때문이었다. 물론《울료자》는 이렇게 이야기한다. "주周 무왕은 물을 등지고 언덕을 오르며 겨우 2만 5천 병력으로 싸웠지만 은나라를 멸망시켰다." 승리의 핵심은 지형도 병력도 아니요, 사기라는 것이다. 그러나 당시 은나라 마지막 왕 주紂의 군대는 이미 싸울 의지가 없었다. '이 폭정이 언제나 끝나려나' 오매불망 기다리는 차에 무왕이 도착하자, 오히려 창을 거꾸로 들고 돌아선 것이다. 무왕은 자신의 군대는 정의의 군대이므로 적의 수가 아무리 많더라도 반드시 이길 수 있다는 자신감으로 넘쳐 있었다. 그러니 무왕이 비록 적은 병력으로 공격했다 하더라도 객관적으로 죽음을 무릅쓴 도전은 아니었다.

오자서는 부하들에게 위험을 무릅쓰라고 요구하지 않는다. 반대로 그는 아군은 가장 안전한 곳에 있어야 한다고 주장한다. 이것은 상식이다. 장수가 배수진을 치고 요행을 바라서야 되겠는가? 싸움의 목적은 아군이 아니라 적을 죽이는 것이기에 아군은 세상에서 가장 안전한 곳에 두어야 한다. 그러나 싸움은 싸움이다. 물러난다고 생각하면 지는 것이다. 상하가 오직 한마음으로 승리를 도모할 때 승리한다. 이것은 지휘관이 주입시켜서 되는 일이 아니다. 병사들 스스로 승리를 확신한다면 용감해질 것이다. 승리할 수 있는 길을 열어주면 병사들은 자연히 용감해진다.

가장 안전한 곳, 깊숙한 곳에 진을 친다

합려는 제일 먼저 진을 치는 법에 대해 묻는다.

합려 무릇 군사를 일으킬 때는 어느 곳에 진을 치고 어느 곳을 피해야 합니까?

오자서는 더욱 안전한 곳, 단단한 곳에 진을 치라고 답한다.

오자서 진을 치는 법을 말하자면, 겨울에는 높은 곳에 진을 치고 여름에는 낮은 곳에 진을 친 적은 쳐서 이길 수 있습니다. 큰 언덕을 올라타고 치는 진을 이름하여 '신고申固'(참으로 공고한 진)라 하고, 언덕을 등지고 치는 진을 '승세乘勢'(기세를 타는 진)라 하고, 언덕을 앞에 두고 치는 진을 '범광范光'(빛을 거스르는 진)이라 하고, 언덕을 오른쪽에 두고 진을 치는 것右陵而軍을 '대무大武'(크게 무를 이룰 진)라 하고, 언덕을 왼쪽에 두고 치는 진을 '청시淸矣'●라 합니다. 물을 등지고 치는 진을 '절기絶紀'(끝장이 날 진)라 하고, 물을 앞에 두고 치는 진을 '증고增固'(공고함을 더하는 진)라 하고, 물을 오른쪽에 두고 치는 진을 '대경大頃'(크게 위태로운 진)이라 하고, 물을 왼쪽에 두고 치는 진을 '순행順行'(순조로운 진)이라 합니다. 군대는 분산되는 것과 멀리 적진으로 나가서 진을 치

● '청시'의 사전적 의미는 불분명하나 '대무'와 대조적인 의미일 것이다.

는 것을 두려워하니, 앞으로 10리 전진은 있어도 뒤로 10보 후퇴는 없는 것입니다. 이것이 진을 치는 방법입니다.

 오자서는 철저히 아군의 안전을 기준으로 진법을 논하고 있다. 겨울에 높은 곳에 진을 치고 여름에 낮은 곳에 진을 친 경우, 겨울의 강한 바람과 여름의 습한 공기를 무릅써야 한다. 이렇게 진을 친 적이라면 병법을 모른다는 뜻이니 쳐서 이길 수 있다. 위에서 내리누를 수 있는 곳에 진을 쳐야지 힘들여 올라가며 공격해야 하는 곳에는 진을 쳐서는 안 된다. 이것은 어떤 병법서에나 나오는 이야기다. 또한 공격을 염두에 두었을 때의 이야기다. 언덕을 오른쪽에 둔다는 것은 주력 우군(기병과 전차)을 높은 곳에 둔다는 뜻이다. 그럼 물은 어디에 두면 좋을까? 물을 오른쪽에 두면 회전 반경이 큰 주력 우군을 부리기가 어렵다. 적이 아군의 좌군을 먼저 타격하고 물 쪽으로 아군을 밀어넣으면 아군은 배수의 형국에 빠지는 것이다. 그래서 물을 오른쪽에 둬서는 안 된다고 하는 것이다.

 반면 물을 왼쪽에 두면 회전반경이 적은 좌군(보병)의 허리가 물의 보호를 받는다. 또한 좌군 선봉의 중무장 보병대는 측면을 물의 보호를 받으며 적의 기병과 전차대를 막으니 유리하다. 《육도六韜》〈견도犬韜〉에 "전차와 기병은 제대로 상대를 짝지어주지 못하면, 기병 한 명이 보병 한 명도 당하지 못한다(車騎不敵戰, 則騎不能當步卒一人)"라고 되어 있다. 넓은 타격 면적과 자유로운 이동 공간이 필요한 기병이 물로 허리를 보호받으며 중무장한 보병대의 선봉을 치는 것이 바로 '짝이 맞지 않는 싸움(不敵戰)'이다. 공격시 견지할 태도는 적의 이점을 죽이고 나의 이점을 살리는 것이다.

그러나 오자서가 가장 강조하는 점은 바로 이것이다. "절대로 배수의 진을 치지 마라!" 그는 물을 등지고 치는 진을 끝장날 진이라 혹평한다. 반대로 물을 앞에 두고 치는 진을 이중으로 안전한 진이라고 한다.

한편 맹자孟子는 이렇게 말했다.

> 군주가 신하를 수족같이 여긴다면 신하는 군주를 배와 심장처럼 여길 것이고, 군주가 신하를 개나 말로 여긴다면 신하는 군주를 그냥 나라 안의 한 사내로 여길 것이며, 군주가 신하를 흙이나 지푸라기처럼 여긴다면 신하는 군주를 원수로 여길 것이다.
>
> -《맹자》,〈이루離婁〉

여기서 군주를 사령관으로, 신하를 부하로 바꿔보자. 사령관이 부하들을 극히 아낀다면 부하들은 사력을 다해 싸울 것이지만, 부하들을 사지로 내몬다면 부하들은 사령관을 버릴 것이다. 배수의 진에 처한 병사들은 적보다 자신의 사령관을 더 미워할 수 있다. 그래서 배수의 진은 정말로 어쩔 수 없을 때, 이래도 죽고 저래도 죽는 마지막 순간에 단 한 번 쓸 수 있는 것이다.

다시 한 번《오자서병법》의 주장을 추려본다. "우리는 약하다. 그러므로 아군 한 사람의 목숨이 적 한 사람의 수급보다 더 중요하다."

오늘날 작은 조직으로 큰 조직을 상대해야 하는 이, 혹은 망망한 적

진을 헤쳐나가야 하는 이라면 이 지적을 잊지 말아야 한다. 훌륭한 지도자는 아군의 주력을 마음대로 부릴 수 있는 곳, 아군의 약한 부분을 보호할 수 있는 곳, 아군을 가려줄 은폐물이 있는 곳에 진을 친다.

강자를 상대할 수 있는 핵심을 파악하라 _반격의 요결

천시는 지리만 못하고, 지리는 인화만 못하다.
- 맹자, 《맹자》

드디어 《오자서병법》의 핵심 장에 도달했다. 아울러 이 장은 약자의 입장에서 강자를 상대하는 전술을 설명한 대목으로는 여타 병서들보다 훨씬 상세하며, 동시에 탁월하다. 이번 장과 다음 장은 《오자서병법》 중 가장 독창적인 부분이며 중심이라고 생각한다. 그렇다면 약자가 강자를 상대할 수 있는 요결은 무엇일까?

하늘이 도울 때 공격한다

《오자서병법》에는 다른 병서에는 잘 찾아볼 수 없는 매우 특이한 부분이 남아 있다. 음양오행 사상을 병법에 적용한 '병음양가兵陰陽家'의 학설이다. 음양오행은 고대 중국인들의 우주관과 자연관을 반영하는 것으로, 고대 병가는 모두 별자리와 점복을 대단히 중시했다. 즉, 전쟁은 하늘의 뜻을 살펴 결정해야 한다는 독특한 사상이 들어 있다. 오늘날의 관점에서 보면 병가 속에는 많은 미신적인 내용이 들어 있다. 그러나 치열한 싸움터에서 '하늘(天)'의 의미를 무시하는 것은 대단히 순진한 생각이다. 하늘은 저멀리 있기 때문에 보는 각도에 따라 수없이 해석될 수 있다. 고대인들은 하늘의 뜻을 해석하기 위해 의례儀禮를 고안했다. 오늘날 마치 영화인들이 작품의 성공을 위해 고사를 지내는 것처럼 말이다. 이것을 과연 미신이라고 무시해도 될까? 사실 사람들은 고사라는 의례를 통해 실질적인 결속력을 얻는다. 우리는 의식의 현대적인 의미를 고민해보면 될 뿐, 고대의 기록이라고 무조건 버릴 필요는 없다.

싸움은 자신의 모든 것을 걸고 하는 것이다. 특히 고대에는 국가 간에 싸움이 벌어지기 전 반드시 하늘에 출정시기를 물었다. 점 따위를 어떻게 믿을 수 있느냐고? 점을 믿는 것은 장수가 아니라 사졸들이다. 전쟁의 신 오기는 이렇게 말했다.

> 도를 갖춘 군주가 장차 백성들을 쓰려 할 때는 먼저 그들을 화합시키고 전쟁을 수행했던 것이다. 감히 자기 개인의 지모智謀를 과신하지 않고, 반드시 종묘에 고하고, 커다란 거북 등으로 점을 치고, 천시를 참고하고, 모두 길하면 드디어 군사를 일으켰다. 그러면 백성들은 군주

가 그들의 생명을 아끼고 죽음을 안타까워한다는 것을 알 것이니, 이런 수준이 되어 전쟁에 임한다면 병사들은 나아가 죽는 것을 영광으로 여기고, 물러나 사는 것을 치욕으로 여길 것이다.

― 오기, 《오자병법》

오기가 누구인가? 그는 '76전 64완승 12무승부'의 대전략가다. 당대에 오기만 한 지략을 갖춘 이는 없었다. 전장에서 그는 천문 대신 사람과 지략으로 싸워 이겼다.

그럼에도 그는 도를 갖춘 이라면 백성들을 쓸 때에 모든 조건이 갖추어지길 기다려서 한다고 말한다. 그중에서 중요한 것이 바로 하늘의 계시다. 독단하면 사람들이 이반한다. 군주는 백성에게 이렇게 말하는 것이다. "그대들을 싸움터로 보낸다. 응당 한 사람도 죽지 않게 하라고 종묘에 기도를 하고, 하늘과 귀신의 뜻을 알기 위해 점을 치고, 천문을 보아 길일을 택하리라." 그러면 백성들은 "우리 군주가 백성들을 이렇게 아끼는구나" 하고 목숨을 내건다. 그러니 천문을 살피는 것은 장수의 의무다.

합려 무릇 맞붙어 싸울 때는 어떤 것이 순리이고 어떤 것이 역리입니까? 어떤 때 진군하고 어떤 때 물러납니까?

오자서 (봄에) 보리가 누렇게 익을 때, (가을에) 나뭇잎이 누렇게 물들 때, (겨울) 눈이 쌓이도록 추울 때 칠 수 있습니다. (오행의) 덕이 토·목·금에 있을 때 싸울 수 있고, 낮에는 해를 등지고 밤에는 달을 등질 때 싸울 수 있으니, 이를 하늘의 여덟 시기를 이용한다고 합니다. 왼쪽에 태세(목성)를 두고, 오른쪽에 오행(수, 금, 화, 토)을 두고 싸울 수 있고, 앞에 적조赤鳥(주작성좌朱雀星座, 남방칠숙南方七宿)를 두고, 뒤로 천고天鼓를 두고 싸울 수 있습니다.

이 부분은 당시의 천문과 지리, 방위에 대한 지식을 기초로 이야기한 것으로 대부분 오늘날 우리가 이해하기 어려운 이야기기 때문에 생략한다. 그러나 당시의 병법가들이 음양오행을 이야기한다고 해서 무조건 무시할 일은 아니다. 낙엽이 질 때, 눈이 쌓일 때 등을 언급하는 것은 농사짓는 시기를 염두에 둔 것이다. 해와 달을 등진다는 것은 활을 쏠 때 눈이 가리지 않고, 또 자신을 숨기고 적은 잘 보이게 하기 위한 과학적인 이유가 있다.

오자서는 또 이렇게 말한다.

"저쪽이 쇠(金)로 흥하면 우리는 불로써 치고, 저쪽이 불로 흥하면 우리는 물로 칩니다."

이것은 비록 병음양가의 표현을 빌리고 있지만 명백해 전략적인 목표에 부합한다. 모든 싸움에는 상성이 있다. 적벽대전에서 조조의 북방병을 상대할 때 주유周瑜는 수전을 선택했다. 예를 들면 상대의 뜨거움을 물의 차가움으로 상대한 것이다. 또한 상대가 수가 많은 것을 화공으로 극복했다. 상대의 창(金)을 불로 녹인 것이다.

삼불전략을 주창한 베트남 전쟁의 영웅 보 구엔 지압 장군은 '붉은 나폴레옹'이라 불렸다. 그는 손자의 《손자병법》, 모택동의 유격전과 더불어 미국 육군사관학교에서도 학습할 만큼 유명한 디엔비엔푸Dien Bien Phu 전투(1954)에서 승리해 프랑스 식민 통치 70년에 종지부를 찍었다. 그의 삼불전략은 이에 대한 창조적 해석이라 할 수 있다.

"적이 원하는 시간(낮)에 싸우지 않으며, 적이 좋아하는 장소(평지)에서 싸우지 않으며, 적이 생각하는 방법(정규전)으로 싸우지 않는다."

그리고 이 장의 복잡한 병음양가의 논설 속에서도 드러나는《오자서병법》의 다음 문구는 무시할 수 없다.

> **오자서** 몰래 (어두운 곳에서) 북을 쳐서 상대의 귀를 공격하고, 드러내 놓고 진을 쳐서 그들의 눈을 두렵게 하고, (용도와) 다른 깃발들을 늘어놓아서 실제 진이 아닌 것으로 속입니다. 질질 시간을 끌어 시기를 놓치지 말고, 당당하게 정돈된 적진에 달려들지 말며, 상대의 예리한 기세에 맞서 정면으로 공격하지 않아야 하니, 이를 들어 싸움에는 일곱 가지 전술이 있다고 합니다.

이 부분은《손자병법》의 내용과 상통하며, "당당하게 정돈된 진에 뛰어들지 않는다"는 등의 내용은 완전히 똑같다. 일단 이 구절을 음미해보자.

오자서는 쌍방이 대치하고 있을 때 철저히 상대를 속일 것을 강조한다. 예를 들어 가짜 진으로 상대의 주력을 묶어둔다. 가짜 소리로 상대를 피곤하게 한다. 수를 과장하고 강한 척해서 상대의 진공 속도를 늦추고 겁을 준다.

    그러나 싸우든지 물러나든지 절대로 미적거리지 않는다. 준비된 적, 기세를 올리는 적이 다가오면 바로 물러난다. 손자는 "삼군의 재난은 장수가 의심하여 결단하지 못하는 것"이라 했고, 《육도六韜》는 "용병의 재앙은 미적거림"이라 했고, 오기는 "장수의 역할은 오직 결단"이라고 했다. 주도적으로 싸우기 위해서는 자신의 행동 목표는 이미 결정되어 있어야 한다.

지치고 분열된 적만 친다

    우리는 싸움을 결정했다. 우리는 적과 대치하고 있다. 적의 대오가 정연할 때는 물러났다. 그렇다면 도대체 어떻게 적을 쳐서 이기는가? 물론 우리가 약자라는 것을 잊어서는 안 된다.

    오자서는 공수 전반에서는 유격전Guerilla Warfare, 특히 공격시에는 전격전Blitz을 제안한다. 우리는 약하지만 작기에 빠르다. 빠른 것을 최대한 이용하는 것이 이 전략의 핵심이다. 적이 현재 기세를 올리고 있다면 어떻게 할 것인가? 그렇다면 주도적으로 적의 기세를 꺾어야 한다. 그러나 정면으로 싸워서 기세를 꺾는 것은 현재 불가능하다. 비유하자면 커다란 맥주 통에 작은 구멍을 내어서 가스를 빼내듯 상대의 힘을 빼야 한다.

        합려 군사를 진격시키고 물릴 때〔攻軍回衆〕는 어떤 것을 피하고 어떤 것을 취합니까? 어찌하면 길하고 어찌하면 흉합니까?

이 질문에 이어지는 오자서의 답은 하나씩 기억해두어야 한다. 앞으로 나올 제2부에서도 반복해서 언급할 것이다.

1. 적의 움직임에 따라 우리도 움직인다

　　오자서 군대를 진격시킬 때는 적의 전진과 후퇴에 따라 우리 군을 전진시키고 후퇴시켜야 합니다.

　제2부에서 최고의 고수로 등장할 모택동은 유격전의 핵심은 적을 수동적인 위치에 빠뜨리는 것임을 강조했다. 그래서 적이 앞으로 나오면 나는 뒤로 물러나고, 적이 물러나면 또 따라붙는다. 물론 적이 멈추면 동요시킨다. 그러니 적은 도무지 쉴 틈이 없다.
　혹자는 반문할 것이다. 적과 같이 움직이면 아군도 똑같이 피로하지 않은가? 그렇지 않다. 적은 규모가 크고, 아군은 규모가 작다. 힘을 훨씬 덜 들이고도 빠르고 쉽게 움직일 수 있다. 또한 애초에 상대방은 정면 대결을 원하고 나는 유격전을 구사하고 있기 때문에, 정면 대결이 일어나지 않아 초조해지는 것은 상대방이다. 오자서가 말한 첫 번째 조건은 기동력이다. 아군은 약하지만 최소한 기동력 면에서는 상대보다 나아야 한다.

2. 경계와 정보는 생명이다

오자서 특히 먼지와 연기(담기緂氣 혹은 수증기)를 잘 관찰해야 합니다. 아침에는 공기(밥 짓는 연기와 수증기)를 살펴보고 저녁에는 먼지를 바라보는데, (연기, 수증기, 먼지 따위의) 맑기가 구름 같은 곳으로는 우리 군대를 진격시켜 주둔시킬 수 없습니다. 탁한 먼지가 어지러이 높이 오르면 거기에는 적이 출격할 의도가 있는 것이니, 우리는 단단히 경계하며 기다리며 함부로 나서지도 물러나지도 말아야 합니다.

'지피지기'에서 '지피'에 해당되는 내용이다. 유격전에서 가장 중요한 것은 상대에 대한 정보다. 정보는 아군의 안전을 보장하는 생명선이다. 적과의 거리를 유지하며 적의 미세한 움직임을 관찰하여 적의 의도를 파악할 수 있어야 한다.

3. 보급선이 길어 지친 적을 공격한다

오자서 그럼 어떨 때 우리가 공격합니까? (적이 전투 의지를 잃었을 때 공격합니다) 적이 군대를 내었으나 비바람이 심해 벌판에서 길이 끊어지고, 양식이 떨어지고, 군졸이 굶주리며 말을 먹일 풀조차 없는 상황일 때 우리는 공격합니다. 적이 심한 더위와 추위를 무릅쓰고 거듭 진격하여 진을 쳐서 군졸은 지치고 길은 멀며, 양식마저 떨어졌을 때 공격합니다.

규모가 큰 상대방은 한 번 출정하면 많은 준비를 해야 한다. 다음 장에서 설명하겠지만 《오자서병법》은 상대를 사지로 끌어들이는 것이 승리의 조건임을 강조한다. 오자서는 적이 출병하여 아군의 영역으로 깊이 들어온 상태를 가정하고 있다. 적이 공격하고 아군은 일정한 거리를 유지하며 물러나는 중이다. 그러나 반격의 기회는 반드시 온다. 적이 아군을 무시하고 깊숙이 아군 지역에 들어와 보급선이 길어지거나 끊어질 때를 노려 공격한다.

앞으로 제2부에서 주원장, 모택동 등이 어떻게 이 전술을 쓰는지도 살펴볼 것이다.

4. 고립되고 사기가 떨어진 적을 공격한다

> **오자서** 적의 병력이 적어서 두려워하거나 수는 많으나 질서가 없거나, 공격 받기 쉬운 평지에 진을 쳤으나 따르는 원군이 없어서 두려운 마음이 일어날 때를 노려 공격합니다.

지금 싸우기도 전에 적의 사기가 떨어졌다. 아군의 유격전술에 적이 말려들었기 때문이다. 현재 적의 선봉부대는 무턱대고 퇴각하는 아군을 따르다가 본대와 떨어졌다. 그때가 바로 반격의 순간이다. 《손자병법》은 적이 예측하지 못하는 타격지점을 공격함으로써 적을 횡대로 분산시키는 것을 강조한다. 적은 아군이 어디를 칠지 몰라 여기저기 거점을 만들어 모두 방어하느라고 병력을 분산해야 한다.

반면에 오자서는 적을 종대로 분산시키는 점을 강조한다. 예를 들어 지금 우리의 역량이 적을 정면에서 상대할 정도가 안 된다고 생각해보자. 최선의 방법은 적을 종대로 분산시키는 것이다. 아군의 기동력을 이용하여 재빨리 퇴각하되, 적의 전위와 후위 본대 사이의 간격이 벌어졌을 때 군대를 돌려 타격하는 것이 승리할 수 있는 길이다.

실제로 몽골군은 거의 이 전술 하나로 유럽을 공포에 빠뜨렸다. 적이 멈춰 있을 때 재빨리 다가간다. 적이 나와 맞선다. 그러면 달아난다. 이어서 적이 추적한다. 적의 기병과 보병이 서로 호응하지 못할 정도의 종대대형이 되면 그때 돌아와서 질풍처럼 사격한다. 뒤이어 적의 보병이 도착한다. 그러면 다시 도주한다. 마침내 추격해온 적의 기병이 다 쓰러지면, 보병을 포위하고 주위를 빙글빙글 돌면서 섬멸하는 것이다. 이런 방식의 싸움을 당시 몽골인들은 '개싸움'이라 불렀다.

5. 단결되지 않은 적을 공격한다

오자서 적의 군졸은 많으나 우왕좌왕하고, 장수들은 서로 싸워 마음이 어그러질 때 공격합니다.

야전에서, 특히 군심이 동요하는 상황에서는 우세한 숫자가 오히려 독이 되는 경우가 많다. 고대에는 실전에서 한꺼번에 움직일 수 있는 병력의 최대 규모는 1만 명 남짓이었다. 그래서 대개 1만 명을 단위로 군단을 편성했다. 1만 명 단위의 군단 세 개를 모으면 3군이 되는데, 이 3군이 연합작전을 펼쳤다. 이것이 보병전의 최대 규모다. 만약 병력이 10만이라면 사실은 보급부대, 예비부대가 절반 이상을 채운다. 그래서 이론상으로는 적이 10만이라도, 아군의 3만 병력으로 맞설 수 있다. 그래서 적의 숫자가 많더라도 3군 단위로 일사불란하게 움직이지 못하는 상황이라면 들이쳐도 좋다. 이런 군을 치면 자기들끼리 서로 짓밟는 상황으로 몰아갈 수 있다.

역사적으로 이런 경우는 대단히 많았다. 위진남북조 시기 전진前秦과 동진東晉이 비수淝水에서 싸울 때 그런 일이 벌어졌다. 전진은 원래 압도적인 전력을 믿고 적을 압박했지만 결정적으로 대형이 길게 늘어져 있었다. 먼 원정에서 대형이 종대로 늘어지는 것은 당연했지만, 문제는 이른바 100만 원정군을 감히 동진의 10만이 안 되는 군대가 먼저 공격하리라고는 미처 생각도 못한 것이다.

전진의 전위가 비수에 도착하여 진을 치자 동진의 5천 병사가 밤을 이용해서 기습했다. 불의의 일격에 전위가 겁을 먹고 돌아서자 군대는 순식간에 와해되고 말았다. 병사들은 싸우지도 않고 자기들끼리 밟고 밟히며 죽어갔다. 이렇게 10만 선봉군이 겨우 몇 만의 적에게 처참하게 당하고 말았다. 사실 동진이 쓴 전술은 단순했다. "본대가 따라와 진을 정비하기 전에 선봉을 친다." 선봉이 무너지자 여러 부족의 연합부대였던 전진의 본영은 순식간에 와해되고 말았다. 오자서가 말한 대로 병사들의 수는 많으나 우왕좌왕하고, 장수들의 마음이 다 달랐기 때문이다.

앞으로 우리는 제2부에서 다수의 적이 무너지는 장면을 목격하게 될 것이다. 제2부의 주인공들은 모두 약으로 강을 치는 방면의 전문가들이다.

6. 지휘계통이 전도된 적을 공격한다

오자서 적의 군졸들은 나이가 많아 다스릴 수 없고, 장수는 젊고 미숙하여 의심만 많고 결단을 내리지 못할 때 공격합니다.

여기서 오자서는 간단히 지휘관의 나이를 언급하고 있지만, 전반적으로 지휘계통이 전도된 것을 말하고 있다. 지휘관의 권위가 없거나 지휘관과 군졸들의 마음이 서로 다르면 싸움을 수행할 수 없다. 제2부에서 우리는 한고조 유방이 이런 틈을 이용하는 장면, 명태조 주원장이 상대가 이 방법을 쓸 때 역으로 파고드는 장면, 그리고 모택동이 싸울 때마다 상대 지휘관과 병사들의 관계를 면밀히 검토하는 장면을 보게 될 것이다.

7. 궁지에 빠진 적을 공격한다

오자서 길은 멀고 해는 지는데, 적이 서둘러 행군하면서 아직 진을 치지 못할 때 공격합니다. 적이 급하게 퇴각하는데, 풍우가 심하여 군중에 두려워 떠는 이가 생겼을 때 공격합니다. 군졸이 적어서 두려움에 빠져 있고, 감히 전진하지도 후퇴하지도 못할 때 공격합니다.

지금 오자서는 세 가지 경우를 이야기하고 있는데, 뒤의 두 가지 경우라면 누구라도 이해할 수 있는 일반적인 이야기다. 퇴각할 때 일기가 불순하다면 따라잡아 치고, 오도 가도 못하는 적이라면 당연히 친다.

그렇다면 첫 번째 문장에 주목해보자. 오자서는 행군하는 적을 치는 방법을 논하고 있다. 언제 적을 공격할 것인가? 적은 이동하다가 아직 진을 치지 못했다. 적이 진을 치는 시기를 틈타서 공격하려면 적과 아주 가까운 거리를 유지하고 있거나, 혹은 매복하고 있어야 한다. 《오자서병법》이 중시하는 것은 반격의 적기適期, 즉 타이밍이다. 강한 적을 공격할 때는 반드시 적이 준비를 갖추기 전에 기습적으로 쳐야 한다. 복싱에 비유하자면 상대가 주먹을 뻗은 후 미처 거두지 못했을 때, 혹은 주먹을 뻗는 예비 동작을 할 때 치는 것이다. 이때는 가벼운 잽으로도 상대에게 큰 타격을 입힐 수 있다.

싸움을 할 때 적이 미처 전열을 갖추지 못하는 틈을 잘 이용했던 사람으로 당나라 태종의 장수 이정李靖을 들 수 있다. 이른바 기병奇兵이다. 629년, 당이 돌궐에 반격을 시도할 때 이정이 쓴 전술은 '급습의 교과서'라고 할 만하다. 이정은 안개가 끼어 시야가 완전히 가린 날 겨우 200기의 기병을 보내서 돌궐 칸의 본영으로 다가가게 했다. 당나라 돌격대가 코앞에 다가왔을 때 안개가 갑자기 걷혔다. 전혀 준비가 안 되어 있던 돌궐군은 크게 당황했고, 칸은 황망 중에 달아날 수밖에 없었다. 아무리 말 위에서 강한 유목민이라 할지라도 준비가 되어 있지 않은 상태에서는 정주민 기병 200기를 상대하기도 버거웠던 것이다. 이 책의 제2부에 나오는 오나라의 전략가 육손陸遜, 한고조 유방의 모신 장량張良 등이 바로 이런 시기 포착에 능한 사람들이었다.

최후의 승부수로 적에게 타격을 입혀라 _반격의 필살기

적이 스스로 오게 하는 방안은 먼저 이익을 던져주는 것이다.
- 《손자병법》

제5장

지금까지 강한 적을 상대하여 유격전을 전개하며 적을 공격할 시점에 대해 이야기했다. 이 장에서 오자서는 적을 완전히 끝낼 전술을 이야기한다. 그 비결은 이러하다. 먼저 적을 깊숙이 끌어들인다. 적을 깊숙이 끌어들이기 위해 속이고, 필요하면 일부러 패해도 좋다. 그리고 결정적인 순간이 올 때까지 결코 먼저 움직여서는 안 된다. 지금 아군의 목표는 최후의 승리, 즉 적을 다시 일어서지 못하게 결정적인 타격을 입히는 것이다. 그 목적을 위해서는 무엇이든 포기할 수 있다.

준비되지 않았을 때를 노린다

이제 시기가 무르익었으니 합려가 반격의 요결을 묻는다.

> **합려** 무릇 적을 칠 때, 무엇을 먼저하고 무엇을 나중에 합니까? 무엇을 취하고 무엇을 내어줍니까?
>
> **오자서** 무릇 적을 칠 때는 반드시 적의 선두만 갓 도착하여 말과 소가 제대로 먹지 못하였고, 병졸들이 대오를 잃었으며, 전방의 보루가 아직 공고하지 못하고 후미가 진을 구축하지 못하여 보병이 굶주리고 겁에 질려 있을 때, 벼락같이 소리를 내지르며 공격을 감행하면 적의 진지를 쓸어버릴 수 있습니다.

지금까지 아군은 전략적인 퇴각을 거듭했다. 그러나 적을 치기로 마음먹었다면 어떤 사전 동작도 필요 없이 지체하지 말고 반격을 가해야 한다. 적이 대비할 시간을 주지 않기 위해서다. 유격전의 핵심 개념은 후퇴에서 반격으로 돌아서는 시간이 매우 짧아야 한다는 것이다. 그래서 아군은 언제나 적과 적당한 거리를 유지하고 있어야 한다. 그러면 적은 항상 긴장해서 지친다.

> **오자서** 적이 우리를 기다리며 준비를 갖추고 있으면, 우리도 움직이지 않고 기다리면서 적의 경계태세를 느슨해지게 합니다. 적이 우리를 치려 하나 우리가 대응하지 않으면, 저들은 자주 출격하여 마음이

조급하나 우리는 고요하니, 이때 일어나 적을 치면 저들이 세력을 공고히 할 틈을 주지 않을 수 있습니다.

이 부분과 이어지는 부분은《손자병법》의〈허실虛實〉편과 유사하다. 적이 잘 정비되어 있으면 동요시키라는 것이다. 그러나 오자서는 여기서 한 발 더 나아간다. 오자서는 심리전을 강조한다. 절대로 적과 정면으로 충돌하지 않는다. 적이 출격해도 우리는 맞서지 않는다. 어떻게 그것이 가능할까? 오자서의 말 속에는 험지에 진을 치고 지킨다, 혹은 싸우기 전에 뒤로 물러난다는 말이 생략되어 있는 것이다. 빨리 움직일 수 있게 대형을 갖추고, 적이 나오면 물러남을 반복하여 적의 힘을 빼는 것이다.

오자서는 또 이런 말도 한다. 요지는 위와 비슷하다.

적이 와서 진을 치는데 우리는 맞서 저지하지 않고, 해가 어두워져도 우리가 나가지 않으면, 저들은 반드시 어쩔 수 없이 물러날 것입니다. 저쪽 장수는 군대를 돌릴 마음이 있고 병졸들도 집으로 돌아갈 생각뿐일 때, 우리가 따라붙어 칩니다.

제갈량諸葛亮의 북벌에 대응하여 사마의司馬懿가 행한 전략도 이와 같다. 제갈량이 아무리 싸우자고 도발해도 사마의는 성문을 닫아걸고 나와 싸우지 않았다. 제갈량이 오장원五丈原에 진을 치고 사마의에게 여인의 옷과 분을 보내어 자존심을 건드리며 싸움을 걸었을 때, 주위

장수들이 아무리 싸우자고 주장해도 사마의는 움직이지 않고 지키기만 했다. 결국 멀리 원정을 온 촉군은 군량이 떨어져 철수할 수밖에 없었고, 오장원의 가을바람에 제갈량이 병사하자 더 이상 촉나라는 중원을 넘보지 못하게 된다.

적의 견실함을 태만함으로 바꾼다

> **오자서** 적이 진을 견실하게 치면 우리는 소수의 병력에 허술한 진으로 상대하고, 적이 기뻐하면 우리는 일부러 슬픈 기색을 내보이고, 적이 승리를 자신하면 우리는 기꺼이 엎드려 기다립니다. 비로소 적이 우리를 가볍게 보고 무턱대고 달려들 것이니, 그때 우리는 질풍같이 들이칩니다.

다른 병서에도 적을 속이는 것을 강조한다. 그러나 오자서는 적의 의심이 사라질 때까지 심리전을 개시하라고 한다. 강한 적 앞에 오히려 허술한 진을 쳐서 적이 달려들게 만들고, 막상 달려들면 또 뒤로 물러난다. 적을 기뻐하게 만들고, 적이 기뻐하면 더 기뻐하도록 아군은 슬픔을 가장한다. 적이 완전히 승리를 자신할 때까지 끝까지 기다렸다가 일거에 달려드는 것이 오자서의 전술이다. 앞으로 제2부에서 육손이 유비를 칠 때 이 방법을 이용하는 것을 목격하게 될 것이다.

기동력으로 적의 주력을 상대한다

오자서 적이 중군中軍으로 우리를 공격하면 우리는 우군右軍으로 상대하고, 적이 우리를 쉽게 이긴다고 생각하면 우리는 그들을 유인합니다. 적이 추격하면 우리는 매복하고 기다립니다. 적의 진이 견실하면 우리는 비워서 맞섭니다.

허허실실의 요체는 상대의 주력은 허탕을 치게 하고, 상대의 약한 부분을 찾아 타격하는 것이다. 전국시대 제나라의 전략가 손빈孫臏은 이 전술을 깊이 이해하고 있었다. 손빈은 제나라 장군 전기田忌 휘하에 모사로 있었다.

전기는 경마를 좋아했다. 하루는 제나라 공자들과 천금이 걸린 시합을 벌였는데 손빈은 필승의 계책을 올렸다. 승부는 삼판양승으로 가르기로 했다.

"우리 쪽 말 중에서 최하등의 말을 저쪽 최상등의 말과 겨루게 하고, 우리 쪽 최상등의 말을 저쪽 중등의 말, 우리 쪽 중등의 말을 저쪽 하등의 말과 겨루게 하십시오."

이미 손빈은 말을 유심히 봐둔 터였다. 첫 번째 시합에서 물론 전기의 말이 졌다. 그러나 이어지는 두 시합에서는 연거푸 이겼다. 손빈이 미리 속도를 계산해둔 까닭에 승리는 예정된 것이었다.

손빈의 책략은 상대의 주력이 제 역할을 다하지 못하도록 만드는 것이었다. 손빈과 오자서는 어떤 차이가 있을까? 손빈이 말 경주에서 쓴 방식을 전쟁터에서 바로 쓴다면 아군의 좌군(약한 군대)으로 적의 중군(강한 군대)을 상대하는 것이다. 그럼 좌군은 아군의 승리를 위한 희생양이다. 그러나 손빈도 실전이라면 다른 방안을 찾았을 것이다. 손빈은 말 경주를 하고 있고, 오자서는 전쟁을 하고 있다. 오자서는 아군의 희생을 반대한다.

오자서는 "아군의 약한 것(좌군)으로 적의 강한 것(중군)을 상대하라"고 하지 않고 "아군의 빠른 것(우군)으로 적의 강한 것(중군)을 상대하라"고 하고 있다. 고대의 군사 편제에서 대장이 포진한 중군이 가장 강하고, 전차와 기병이 위치한 우군이 가장 기동력이 좋다. 오자서가 말하는 것은 우군으로 중군을 맞아 싸우라는 것이 아니라, 빠른 우군으로 중군을 묶어놓으라는 것이다. 그때 아군의 주력이 적의 좌군을 공격한다. 제2부에서 우리는 모택동이 이 방법을 이용해서 결정적인 승리를 이끄는 것을 목격할 것이다.

승리를 위해서는 일부러 져줄 수도 있다

오자서는 최후의 승리를 위해 패배까지 감수할 수 있다고 한다. 이는 《오자서병법》의 가장 큰 특징이다.

> **오자서** 적이 들이치면 우리는 뒤로 물러나 유인하여, 적이 여러 번 출병하면 일부러 작은 승리를 안겨주고, 막상 맞부딪치면 일부러 달아나서 적의 주력이 도착하게 해서는 안 됩니다. 적이 우리를 급하게 추

격하면 반드시 대오가 흐트러질 것입니다.

물론 적의 대오가 흐트러질 때 우리는 반격한다. 오자서는 적을 종대로 분산시키는 것을 여러 차례 이야기한다. 이익으로 유인해서 작은 승리를 안기면 적은 점점 더 교만해진다. 그러니 이 방법을 쓰자면 아군은 고도로 훈련되어 있어야 하고, 기동력이 뛰어나야 한다. 사실《오자서병법》의 요체는 '패배'를 승리로 전환하는 반격에 있다. 제2부에서 보게 될 주원장은 그런 면에서《오자서병법》을 제대로 익힌 사람이다. 적에게 미끼를 던지는 것, 적이 뭉치지 못하게 하는 것, 적을 교란시키는 것 등 모든 면에서 주원장은《오자서병법》을 활용했다.

다음 문장도 비슷한 내용이다.

> **오자서** 양쪽이 대치하여 힘이 필적하는 상황이라면 우리는 반드시 정면으로 상대하지 말고 달아나야 합니다. 결국 저들이 이겼다고 생각할 때 우리는 그 후방을 칩니다. 이미 간 자들은 돌아올 수 없으니……. 저들이 통제를 잃으면 (전위와 후위를) 양쪽으로 갈라서 차례로 격파하면 심대한 타격을 줄 수 있습니다.

우리는 지금 전체적으로 열세인 상황이라는 것을 잊어서는 안 된다. 오자서는 피해를 감수하고 승부를 벌이지 말라고 누누이 강조한다. 최종 목적은 전투가 아니라 전쟁에서 승리하는 것이다.

배부른 자는 싸울 수 없다

오자서 적이 나와서 노략질을 하면 우리는 맞서 저지하지 말고, 적이 전의가 불탈 때 우리는 경계할 뿐 어울려 싸우지 않아야 합니다. 급기야 저들 병사는 충분히 노략질을 하여 돌아가면서도 두려운 마음이 없고, 장수는 경계하는 마음이 없으며, 전위가 이미 진영으로 들어가고 후위가 따라 가려 할 때 우리가 따라붙어 치면 반드시 패주시킬 수 있습니다.

노략질하는 데 능한 적을 공략하는 정석은 전국시대 조나라 명장 이목李牧이 보여주었다. 조나라는 흉노匈奴와 국경을 마주하고 있었기 때문에 흉노의 침입을 막느라고 진땀을 뺐다. 흉노의 군단은 전체가 기병이었고, 흉노 병사는 모두 뛰어난 기마 궁사들이었다. 그렇기 때문에 흉노와 들판에서 직접 부딪혀서는 이길 승산이 없었다. 이목이 북방의 국경을 지킬 때는 흉노가 쳐들어오기만 하면 백성과 가축을 재빨리 거두어 성 안으로 들어갔다. 이렇게 계속 싸움을 피하니 내부에서 불만이 터져 나오고, 참소가 들끓었다.

이리하여 결국 이목은 해임되고 조나라는 전략을 바꾸어 흉노가 출격할 때마다 나가서 싸웠다. 그러나 매번 패하기만 했다. 급기야 다시 조정에서는 이목을 불렀다. 그는 이번에도 똑같은 전술을 썼다. 흉노의 기병이 들이치기만 하면 백성들을 거두어 성 안으로 달아났다. 그러나 이목이 아무 대책이 없었던 것은 아니다. 그는 전차대 한 군단,

기마대 한 군단에 10만 명의 궁수를 몰래 훈련시키고 있었다.

어느 날 다시 흉노의 기병이 들이치자 이번에도 이목은 허둥지둥 자기 사람들과 물품도 버리고 달아났다. 그러자 흉노의 본대는 약탈을 노리고 대규모로 침공해 들어왔다. 이목 따위야 상대가 되지 않는다고 생각했던 것이다. 별 대비도 없이 들어오는 흉노의 군대를 기다리고 있던 이목은 기병으로 좌우를 치는 동시에 10만 궁수로 본대에 화살을 퍼부었다. 이 싸움에서 흉노는 무수한 기병을 잃었다.

싸움에서 재물을 취하다가 패한 군대는 수없이 많다. 제2부에서도 다시 이야기하겠지만 전략적인 관점에서 보면 초한쟁패의 승부를 가른 것도 바로 항우項羽의 물욕이었다. 초기에 반진反秦 연합군의 일원으로 협력하던 항우와 유방은 진나라 수도가 있던 함양에 먼저 도착하기 위해 경쟁하고 있었다. 먼저 들어가는 자가 관중의 왕이 되기로 약조했기 때문이었다. 결국 함곡관函谷關을 버리고 무관武關 노선을 선택한 유방이 함양에 먼저 들어가 진나라의 항복을 받아내고 관중왕을 칭할 수 있는 자격을 얻었다. 하지만 그는 그러지 않았다. 아방궁에 쌓여 있던 재물들이 탐나기는 했지만 측근들의 간곡한 만류로 그대로 놔둠으로써 백성들의 지지를 얻었다.

반면 뒤늦게 도착한 항우는 자신의 힘만 믿고 진나라의 도성에 들어가서 마구 약탈하고 아방궁을 불태웠다. 과연 약탈로 배가 부른 항우의 군대는 기강이 해이해졌고, 또 목적을 달성한 항우는 고향으로 돌아갈 마음뿐이었다.

한편 먼저 관중에 도착했지만 힘이 항우에 미치지 못해 변방 남쪽

한중왕으로 밀려날 수밖에 없었던 유방은 항우의 군대가 포만감에 젖어 돌아가는 순간 질풍처럼 군대를 돌려 항우의 배후를 찔렀다. 앞으로 제2부에서 작은 것을 주고 큰 것을 얻었던 유방의 사례를 구체적으로 살펴볼 것이다.

돌아가는 적을 칠 때 선두는 보내준다

다음에 이어지는 《오자서병법》의 구절은 대단히 살벌하다.

> **오자서** 적이 귀환해도 우리는 추적하지 않고 저들의 반이 돌아가면 남은 반은 동요하여 두려워할 것이니, 우리는 그때 따라붙어 치면 그들을 돌아가지 못하게 할 수 있습니다.

이제 우리는 승기를 잡았다. 적은 등을 돌려 달아나고 있다. 그런데도 오자서는 기다리자고 한다. 왜 그럴까? 완전히 투지를 잃은 적을 쳐야만 아군이 상하지 않고, 또한 적들에게는 살 길을 열어주어야 투지가 사라지기 때문이다. 돌아가는 전위는 후위를 고려하지 않고, 후위만 고립되었을 때 치는 전술은 자주 등장한다. 오자서가 모신 군주 합려도 일단 물러났다가, 적이 퇴각할 때 따라붙어 치는 데 고수였다. 우리 역사에서도 고구려의 을지문덕乙支文德이 이 전술을 써서 무수한 수나라 침략군을 수장시켰다.

수 문제의 대군이 고구려를 침략했을 때, 을지문덕은 소소한 싸움을 내주면서 계속 퇴각하며 거의 평양성 지근 거리까지 후퇴했다. 그러나 이 퇴각이 전략적인 것이라는 것은 점점 더 명백해졌다. 물러나는 고구려군은 당황하기는커녕 수나라 군대를 점점 더 수렁으로 끌고 들어가는 모양새였다. 수나라군의 후방에서는 아직 점령하지 못한 고구려의 요동성이 버티고 있었다. 그때 을지문덕이 수나라 사령관 우중문에서 시를 보내어 상대를 조롱했다. 이제 본대와 호응할 수 없는 곳까지 왔으니 돌아가지 않으면 반격하겠다는 은근한 협박이었다.

신기한 계책은 천문에 통달했고〔神策究天文〕

오묘한 계산은 지리를 꿰었습니다〔妙算窮地理〕

싸움에서 이겨 공이 이미 높았으니〔戰勝功旣高〕

만족을 알고 그만 그쳤으면 합니다〔知足願云止〕

그러고는 철군을 조건으로 항복을 청했다. 정말 싸움을 그치고 싶었던 사람들은 바로 수나라 장령들이었을 것이다. 이제 수나라군의 전투 의지는 완전히 사라졌다. 이리하여 기나긴 회군이 시작되었다. 그러자 고구려군이 따라 붙었다. 바로 따라 붙어서 치는 것이 아니라 기회를 보면서 적을 긴장시켰다.

살수에 이르러 수나라군의 도하가 시작되었다. 적이 반쯤 건너 대열이 두 개로 나뉘자 을지문덕은 반격을 개시했다. 적을 종대로 길게 나누고, 또 전위와 후위가 서로 호응하지 못하는 상태에서 친다는 것은 오자서가 누누이 강조한 내용이다. 살수의 싸움은 일방적이었다.

사서는 30만 대군 중 살아남은 이가 겨우 수천 명이었다고 전한다. 그러니 먼저 보내준 절반도 사실은 모두 따라가서 쳤다고 볼 수 있다. 돌아가는 적의 절반을 보내주는 것은 적을 분열시키고, 투지를 잃게 하기 위해서지 실제로 그들을 보내주려는 것은 아니었다.

이렇게 보면 오자서의 병법은 대단히 잔인한 면이 있다. 그러나 지금 우리는 싸움터에 있는 약자라는 것을 잊어서는 안 된다. 수나라 군대가 무단히 침입하지 않았다면 그렇게 보복하지도 않았을 것이다.

우리 땅에서는 우리에게 주도권이 있다

> **오자서** 저들이 우리 땅으로 와서 진을 치는데, 날씨가 심히 무더워 상하는 사람이 많으면, 우리는 날래고 저들을 피로한데 어찌 이기지 못할 수 있겠습니까?

마지막으로 오자서는 다시 약한 자에게 희망을 준다. "똥개도 제 집에서는 한 수 먹고 들어간다"는 속담이 있다. 최소한 적이 우리를 침탈하러 우리 영역으로 들어왔다면 우리는 이미 한 수 먹고 들어가는 것이다. 여기는 우리 땅, 우리가 편히 여기는 곳 아닌가?

기원전 5세기 거대한 페르시아 제국이 몇 배의 병력을 동원하고도 손바닥만 한 아테네를 점령하지 못한 것도 바로 그런 까닭이다. 원정군은 적병은 물론 낯선 환경과도 싸워야 한다. 반면 기다리는 쪽에게 익숙한 환경은 든든한 우군이다.

2

위기 속에서도 기사회생하다
_반격의 실천

반격의 요체를 실천하여 역사의 주인공이 된 네 사람은 처음에는 약자에서 출발했지만 비슷한 전략을 가지고 강자들을 상대하여 결국 국가를 세운 인고의 실력자들로, 《오자서병법》의 핵심을 이해한 사람들이라 할 수 있다. 하지만 이들도 자신에게 주어진 역사적 역할을 수행하는 과정에서 결코 완벽했다고는 할 수 없다. 그래서 이들을 하수, 중수, 상수, 고수로 나누어 그들이 보여준 성공과 실패, 좌절과 극복의 이야기를 《오자서병법》에 비추어 설명했다. 먼저 촉한의 건국자 유비는 《오자서병법》의 근본은 알지만 정밀한 부분은 모르는 하수로 설정했다. 그러나 그는 남의 힘을 나의 것으로 만드는 재주가 있었다. 명나라의 건국자 주원장은 중수로서 싸움에서 시간과 공간을 적절하게 배합하는 데 천재였다. 한나라를 세운 상수 유방은 작은 것을 잃고 큰 것으로 보상받는 데 귀재였다. 마지막으로, 현대 중국의 모습을 설계한 모택동은 가지에서 뿌리까지 오자서의 병법을 완전히 이해한 최고수로 볼 수 있다.

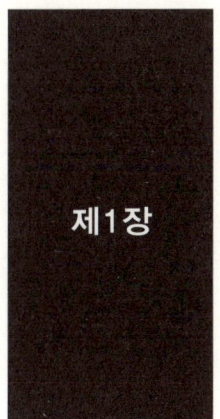

제1장

핍박당해도 와해되지 않는다
_하수 유비

> 신이 병법을 살펴보건대, 황제 이래로 먼저 정병正兵을 쓴 후에 기병奇兵을 썼으며, 먼저 인의의 방법을 쓴 후에 임기응변과 속임수를 썼습니다.
> — 이정, 《당이문대唐李問對》

 난세에는 입지전적인 인물이 많이 난다고 하지만,《삼국지》의 유비도 한나라를 세운 유방 못지않게 입지전적인 인물이다. 원래 밑천이 부족했던 이 사람이 군웅이 자웅을 겨루던 전장에서 일가를 이루고, 나아가 서쪽에서 촉이라는 국가를 이루어 일세의 영웅 조조와 대결한 것은 우연처럼 오자서의 병법과 맞아 떨어진다.

 유비는 사실 패전을 많이 한 사람이다. 그러나 그의 무리는 특이하게도 끈끈한 결속력이 있어서 싸움에서 질 때도 그의 군대는 와해되지 않았고, 얼마 지나면 오히려 안정된 모습으로 나타났다. 그는 반격의 묘미를 이해한 사람이었다. 조조와의 싸움에서는 대개 졌지만 쫓겨 다니는 처지에서도 손권孫權과 연합하여 조조를 물리치고 덤으로 형주荊州를 차지했고, 여세를 몰아 익주(사천)를 차지해 촉을 세우고 삼국정립의 기틀을 마련했다. 패배를 순식간에 연이은 승리로 전환시켰던 것이다. 쫓겨간 것은 어쩔 수 없는 수동적인 행동이었지만 쫓겨간 자리에서 나라를 세운 것은 그의 능력이었다. 우리는 유비를 일으켜 세운 적벽대전과, 다시 그를 끌어내린 이릉夷陵대첩을 통해 《오자서병법》이 어떻게 위력을 발휘하는지 살펴본다.

자신의 운도 지킬 줄 몰랐던 야심가 유비●

유비는 탁현涿縣 사람, 그러니까 오늘날의 북경北京 부근이 고향인 사람이다. 전한 경제景帝의 아들 중산정왕 유승劉昇의 후손이라고 전해지나, 당대에는 이미 어머니와 함께 짚신과 자리를 묶어서 살아가는 고단한 처지였다. 그러나 그의 마음속에는 거대한 야망이 있었기에 희로애락에 덤덤했다. 그런 그를 눈여겨보는 사람들이 많았기에, 마침내 그는 그들의 돈으로 '황건적黃巾賊의 난'을 평정하는 군대를 일으킬 수 있었다. 이 공으로 몇 차례 관직을 얻었지만 그때마다 그는 관직을 버리고 유랑했다. 한실의 종친임을 자임하며 무너져가는 황실을 일으켜 세우려는 꿈을 가진 그에게 조그만 고을의 관리는 맞지 않았던 것이다.

● 《삼국지》의 각 부분과 《자치통감》을 기반으로 구성했으며, 원문은 필자가 한글로 새겼다.

시절은 군웅할거群雄割據의 난세로 치닫고 있었다. 이 와중에서 두각을 드러낸 이는 오늘날의 산동山東을 기반으로 한 조조와 하북을 기반으로 한 원소袁紹였다. 유비 또한 한실 부흥이라는 명분이 있었기에 처음부터 이들 밑으로 들어갈 생각은 하지 않았다.

대신 그는 원소와 대적하던 공손찬公孫瓚을 도왔다. 공손찬과는 친분이 있었다. 하지만 힘은 있으나 지략이 부족한 공손찬은 의뭉스런 원소의 상대가 되지 못했기에, 유비는 다시 맨손으로 달아날 수밖에 없었다. 이렇듯 유비는 출발이 도주였다. 다행히 운이 따랐다. 조조의 시달림을 받던 서주徐州자사 도겸陶謙의 구원요청을 받아 그곳으로 갈 수 있었던 것이다. 그런데 더욱 '운이 좋게도' 도겸은 병에 걸려 곧 죽고 말았다. 도겸은 유비를 크게 보고 "유비가 아니면 서주를 안정시킬 사람이 없다"는 유언을 남겼다. 그래서 유비는 서주라는 큰 땅을 거저 얻었다. 실력은 부족하지만 어쩌다 몸을 의탁했다가 주인 자리를 차지했으니 억세게 운이 좋은 사나이다. 그러나 난세에 뚜렷한 기반도 없이 큰 땅을 지키는 것은 애초에 무리였다. 요행이란 지속되기 어려운 법이다. 유비가 원술과 대적하는 사이 갑자기 여포呂布가 틈을 노려 서주로 쳐들어오자 유비는 서주를 잃고 말았다. 이렇게 유비는 운을 지킬 능력도 없었다.

약점을 먼저 드러내 상대를 안심시킨다

유비는 처음에 원소에게 패하고, 이어 여포에게 패해서 기반을 잃었으니 뜻은 있으나 몸은 오갈 데 없는 떠돌이였다. 그러나 유비는 장기적인 흐름을 분석하는 안목이 있었다. 이때 유비는 목숨을 건 도박을 한다. 자신의 약세를 인정하고 조조에게 몸을 굽히고 들어갔던 것이다. 조조가 인재 욕심이 많고 자존심이 센 것을 역이용한 것이다. 이렇게 보면 유비는 유씨 천하의 부흥이라는 기치를 내걸었지만 사실은 대단한 현실주의자였다.

조조는 처음부터 유비가 비범한 인물임을 알아보았지만 유비를 자신의 휘하로 끌어들일 수 있다는 생각으로 그를 받아들였다. 조조의 입장에서 보면 한때 자신의 적 도겸에게 의탁한 것도 용서해줬고, 또 여포에게 패해서 의지할 곳이 없을 때도 정중히 맞아주고 최고의 예우를 다했는데 유비가 감히 자기를 배신하리라고는 생각하지 못했을 것이다. 물론 유비가 계속 자기 밑에 있을지 의심하긴 했지만 자신의 포용력으로 유비를 회유할 수 있다고 믿었다.

하지만 조조는 한 가지 오판을 했다. 유비는 애초부터 남의 밑에 있을 사람이 아니었다. 그는 조조 못지않은 야심가였고, 야망은 어쩌면 조조보다 더 컸을 수도 있다. 그는 한 황실의 부흥을 자신의 행위 기준으로 삼고 있었기에 그에게 조조는 한나라를 찬탈하려는 역적의 무리일 뿐이었다. 그는 조조의 식객으로 있으면서 암암리에 동승董承 등과 함께 조조를 암살할 계획을 세우는 중이었다. 남의 밑에 있으면서 그 사람을 해치려는 생각을 품은 것을 보면 유비는 소설에서 이야기하는 것만큼 어진 사람은 아니었다. 어쨌든 유비는 언젠가 조조도 극복할 수 있다고 생각했다. 과연 터무니없는 생각이었을까?

그러던 중 마침 원소가 북방을 통일하고 원술과 연합하여 조조를 공격하려 한다는 소식이 들어왔다. 지금까지 새장에 갇힌 새처럼 조용히 조조 밑에서 기회를 보던 유비는 이 기회를 놓치지 않았다. 곧바로 조조를 대신해 자신이 원술을 칠 터이니 조조에게 군사를 빌려달라고 청했다. 조조는 유비를 써서 원술을 토벌할 수 있다는 생각에 기뻐하며 그에게 군사를 내주었다. 그리고 유비가 원술을 치러 떠나기 전 조조는 유비를 정자로 불러 은근히 떠보았다.《자치통감》의 기사는 꽤 구체적이다.

"작금 천하의 영웅이란 사군使君(유비)과 저 조조 밖에는 없습니다. 본초本初(원소)의 무리는 끼어들 거리도 안 되겠지요."

그때 유비는 음식을 먹으려고 하다 이 소리를 듣고 젓가락을 떨어뜨렸는데, 마침 천둥번개가 쳤다. 유비가 말했다.

"성인 말씀에, '우레와 돌풍이 닥치면 (두려워) 반드시 안색을 바꾼다'고 하더니, 정말 그런가 봅니다."

즉, 자기 능력으로 감당할 수 없는 말을 들었다는 탄식이었다. 유비는 조조가 속마음을 단번에 찌르고 들어오자 마치 겁쟁이처럼 숟가락과 젓가락을 떨어뜨리며 조조를 안심시켰다. 자신에게 그런 배짱이 없다는 연극을 한 것이다. 이렇듯 유비는 늘 인의도덕을 말했지만 사실은 속임수에도 능했다. 자신의 약함을 드러내 상대의 의심을 거두게 한 것이다. 상대로 하여금 자신을 깔보도록 만드는 '시약示弱'의 책략을 쓴 것이다. 오자서는 그렇게 말하지 않았던가? "적이 기뻐하면 우리는 일부러 슬픈 기색을 내보이고, 적이 승리를 자신하면 우리는 기꺼이 엎드려 기다린다." 조조가 자신의 우세를 자신할수록 유비는 더욱 엎드렸다.

그날의 연극으로 조조는 유비에 대한 의심을 거뒀다. 조조는 도량도 크지만 자존심도 강한 사람이다. 정욱程昱, 곽가郭嘉 등 좌우의 일급 모사들이 "유비를 보내는 것은 용을 물에 놓아주는 격입니다"라고 극구 말렸지만 그는 결국 유비를 놓아주었다. 원술 정벌에 유비를 쓰기로 결심한 것이다. 유비가 떠나자 조조도 서서히 지난날을 되새겨보고 결국 무릎을 쳤다. '이놈이 나를 속인 것이다'라고 후회하고 추격했지만 유비는 이미 떠난 뒤였다.

이렇게 유비는 조조의 군사를 밑천 삼아 독자적인 길을 가게 된다.

자립할 능력이 없으면 좋은 인재를 구한다

조조를 이용하여 세력을 얻자 유비는 이제 물 만난 고기처럼 자신의 능력을 드러낸다. 유비가 들이치자 원술은 바로 남쪽으로 달아났고, 유비는 이 틈을 타 조조에게 반기를 들고 다시 서주를 차지했다. 그러고는 곧장 원소와 동맹을 맺고 조조의 공격에 대비했다. 조조로서는 기가 찰 노릇이었다. 은혜를 원수로 갚은 격이 아닌가? 조조는 바로 부장 유대劉岱 등을 보냈지만 이들은 유비의 상대가 되지 않았다. 이때 유비는 서주 일대에서 수많은 군중을 규합한다. 조조로서도 유비를 더 이상 지켜볼 수만은 없는 입장이었다.

한편 유비는 조조의 1차 토벌군을 막아낸 후 잠시 고비를 벗어났다고 생각했다. 조조가 원소를 상대하고 있어 그 사이에 자신은 충분히 대비할 수 있다고 보았다. 그러나 유비는 조조의 변화무쌍함을 간과했다. 조조는 잠시 원소를 내버려두고 갑자기 남쪽으로 내려와 약체인 유비를 쳤다. 유비로서는 조조가 이렇게 빨리 움직일지 상상도 하지 못했던 것이다. 이 싸움에서 유비는 크게 패했고, 처자식과 아우 관우가 조조에게 사로잡히는 쓰라림을 맛봤다. 또다시 유비는 자신과 한때 싸웠던 원소에게 기탁해야 했다. 그의 운명은 이리저리 휩쓸리는 가랑잎 같았다.

그러나 그나마 몸을 맡겼던 원소도 조조의 상대가 되지 않는 것은 마찬가지였다. 조조는 관도官渡에서 원소를 대파하고 완전히 중원의 패권을 장악했다. 그리고 다시 유비에게 눈을 돌렸다. 유비는 또다시 남쪽 형주로 내려가 유표에게 의지했다. 조조가 유비를 쓴 것은 여포나 원술 등을 견제하기 위함이고, 원소가 유비를 쓴 것은 조조를 견제하기 위함이었듯이, 유표가 유비를 반긴 것 역시 조조를 방비하기 위함이었다. 유비는 아직까지 기반이 있는 세력의 용병 정도 역할에 지나지 않았다.

이렇게 계속 싸움에 지고 유랑하면서도 여러 사람에게 등용되는 것을 보면 유비는 분명 실력 있는 사람이다. 그러나 그에게는 자립할 수 있는 실질적 기반은 하나도 없었다. 군웅들에 기대어 어떻게 해보려 했으나 조조라는 벽에 부딪혀 바닥으로 떨어지는 일을 반복했다. 다만 자신의 능력을 기반으로 용케 남에게 의탁하면서도 살아났다. 원소든 조조든 유비는 활용할 가치가 높았기 때문이다.

그러나 유비는 이렇게 어려운 상황에서도 인재를 구하는 일을 게을리하지 않았다. 형주에서 유표에게 기탁한 동안에 그는 모사 제갈량을 얻었다. 이제 유비 밑에는 큰 그림을 그리는 사람이 생긴 것이다. 유비와 제갈량은 어떤 그림을 그리고 있었던가? 지금껏 이리저리 치이며 떠돌던 유비의 삶에 대망의 싹이 조금씩 움트고 있었다.

세력을 모으려면 대의가 필요하다

이제부터 유비식《오자서병법》을 탐구해볼 차례다.《오자서병법》에서 말한 것처럼 약자가 강자에게 대들려면 '강자가 나쁘다'는 도식이 성립해야 한다. 그런데 조조와 유비의 관계에서 먼저 배반한 이는 유비다. 조조는 후한 말기의 외척과 환관 세력, 동탁 세력 등을 모두 물리쳤으며, 북방의 위협을 제거하고 '황건적'을 정착시키면서 나라의 생산력을 회복시킨 일세의 영웅으로, 유비와는 업적 면에서 같은 자리에 앉을 처지가 아니었다. 단지 유비에게는 조조보다 한 가지 유리한 점이 있었다. 자신이 비록 먼 친척이긴 하나 한나라 종실의 일원으로서 한나라의 부흥을 담당할 자격이 있다는 것이었다.

오자서는 이렇게 이야기했다. "덕이 없으면서 스스로 군주가 되고 왕이 된 자는 쳐도 좋다." 그러나 조조는 왕이 되지도 않았고, 자신이 덕이 없지도 않았다. 그러나 유씨 천하를 겪었던 사대부들 입장에서는 앞으로 조씨 천하가 되리라는 걱정을 할 수밖에 없었다. 유비는 사대부들에게 이렇게 호소하는 것이 고작이었다. "조조는 어차피 제위를 찬탈할 것이다. 유씨 천하를 부흥할 사람은 유씨여야 한다."

그런데 지금 자신이 의탁하고 있는 형주는 같은 유씨인 유표劉表가 다스리고 있지 않은가? 아직 유비는 자신의 칼날을 드러낼 수 없었다. 한편 유표의 심경은 복잡했지만 역시 종친인 유비에게 마음이 갔다. 원소가 무너졌으니 이제 조조가 맘 놓고 쳐내려올 것인데 무엇으로 그를 막을 수 있겠는가? 비록 부족하나마 군대는 있지만 다스릴 사람이 없다. 몸이 허약해질 대로 허약해진 유표는 유비를 믿기로 했다.

과연 북방을 안정시킨 조조는 천하를 완전히 평정한다는 명목으로 형주로 밀고 내려왔다. 바야흐로 천하를 통일하겠다는 야심을 내보인 것이다. 유표는 조조가 내려온다는 정신적인 압박 때문인지 결전을 앞두고 죽고 말았다. 형주의 북쪽 신야新野에서 주둔하고 있던 유비는 제일 먼저 조조를 맞아 싸워야 할 운명이었다.

그런데 상대는 천하의 조조가 아닌가? 조조가 몸소 내려온다는 소식에 유표의 아들 유종劉琮은 싸우지도 않고 조조에게 먼저 항복 서신을 보냈고, 이를 유비에게는 알리지 않았다. 그때 제갈량이 유비에게 대담한 제안을 했다.

"이 기회에 형주를 치면 얻을 수 있습니다."

그러나 유비를 거절했다.

"나는 차마 그렇게는 못하겠소."

《삼국지》에는 위와 같이 소략하게 기록되어 있지만 《자치통감》에는 유비가 조조에게 항복하기로 했다는 유종의 사자를 보고 이렇게 말했다고 전한다.

"경과 여러 사람들이 하는 일이 이 모양이구나. 어찌 일찍 상의하지 않고 이제 화가 미쳐 내게 고하다니 너무 심한 일 아닌가?"

그리고 사자에게 경고했다.

"지금 경의 목을 벤다고 해도 내 분을 풀기에 부족하다. 하나 이별하는 마당에 그대와 같은 무리들을 다시 죽이는 것도 장부에게는 부끄러운 일이다."

그렇게 말하고는 여러 사람들을 모아 대책을 강구했다. 그리고 유종을 쳐서 아예 형주를 차지하자는 주장에 대해서는 이렇게 반박했다.

"유형주(유표)께서는 돌아가실 때 남은 아이들을 내게 부탁했는데, 신의를 저버리고 혼자 성공하는 짓은 나는 못하겠소. 죽어서 어떻게 유형주를 볼 것이오!"

이리하여 자신을 따르던 무리를 이끌고 양양襄陽을 지나다가 말을 세우고 유종을 부르니 유종이 두려워 얼굴을 들지 못했다. 그러자 유종의 좌우 측근들과 형주 사람 다수가 유비에게 귀의했다.

살펴보았듯이 지금까지 유비는 여기저기 붙어 다니며 명맥을 유지하느라 대의를 돌볼 겨를이 없었다. 그러나 이 순간 유비는 드디어 약자가 가야 할 길을 이해했다. 이제부터 유비는 대의를 통해 자기 사람들을 결속해나간다. 결국은 사람들이 따라붙어야 세력을 이룰 것이 아닌가? 권모술수를 쓰려 해도 세력이 없으면 쓸 수 없다. 세력은 대의 없이 생기지 않는다. 오자서는 싸움 전야에 내부를 다스려야 함을 극히 강조했다. "배반을 밥 먹듯이 하는 자들은 먼저 쳐야 한다." 사실 지금까지 유비는 배반을 거듭했다. 그러나 이번에는 스스로 배반하지 않겠다는 선포를 한 것이다. "지금까지 나는 대의를 위해 어쩔 수 없이 여기저기 붙을 수밖에 없었다. 그러나 나는 이제 대의를 세운다. 나는 신의의 사나이다. 나의 밑으로 오라."

《삼국연의三國演義》 같은 소설에서는 유비가 처음부터 신의와 의리를 갖춘 인물로 묘사되어 있지만 실제로 유비가 의리를 행한 것은 유표의 아들에게서 형주를 빼앗지 않는 일에서 비롯된다. 유비는 유표의 묘를 참배하고 소임을 다하지 못했다는 눈물을 뿌리고 피난길에 올랐다. 그런데 일은 점점 더 확대되어 형주 사람들이 점점 더 유비 쪽으로 붙었는데 당양當陽에 이르니 무리가 10만 명 이상이 되었다.

유비는 원래 고을을 다스리는 재주가 비상했다. 그는 가는 곳마다 백성들의 열렬한 신임을 얻었는데, 그가 원래 정이 많고 재화에 대한 탐욕이 적은 사람이었기 때문이다. 사람 10만 명에 치중이 수천 대라 하루에 겨우 10리 남짓 이동할 수밖에 없었다. 급기야 관우를 먼저 보내서 강릉江陵(옛 초나라의 도읍으로 형주 제1의 도시)에서 기다리게 했다.

행렬이 너무 느리니 한 측근이 이렇게 권했다.

"마땅히 빨리 달려서 강릉을 보루로 삼아야 합니다. 지금 사람들을 많이 데리고 있으나 갑옷을 입은 전사는 얼마 되지 않습니다. 만약 조공(조조)의 군대가 도달하면 어찌 막으려 하십니까?"

이번에도 유비의 대답은 이랬다.

"무릇 큰일을 이루려면 반드시 사람을 근본으로 해야 한다. 지금 사람들이 나를 따르고 있는데 내 어찌 차마 버리고 갈 수 있겠는가?"

달아나는 동시에 반격의 기회를 찾는다

이제 유비는 조조와 싸울 준비가 되었다. 유비만의 철학이 완성된 것이다. 유비는 애초에 권모술수에 능한 사람이었다. 그러나 지금 대중들 앞에서 진심으로 "사람이 오는데 어떻게 막을 수 있는가?" 하고 외치고 있다. 형주를 차지하라고 해도 차지하지 않고 유표에게 예를 표했으며, 그 아들의 용렬함을 용서했다. 또 자신을 따르는 백성들을 모두 거둬들였다. 이 모든 것이 계산된 행동일 리는 없다. 이제 그의 사람됨이 때를 만나 진가를 발휘하기 시작한 것이다. 과거 조조에게 연패할 때 유비가 약한 줄 이미 알면서도 그의 수하들이 떠나지 않은 이유도 아마 그의 철학 때문으로 보인다. 훗날 유비는 이렇게 말했다.

"나는 조조가 행한 것의 반대를 행해서 몸을 일으켰다."

이 일을 두고 《자치통감》은 다음과 같은 습착치習鑿齒의 평을 싣고 있다.

> 선주는 비록 험난한 지경을 만나 쓰러지고 엎어졌으나 오히려 신의를 더욱 밝혔으며, 형세가 다급하고 사태가 위중해도 말을 함에 정도를 잃지 않았다. 유경승(유표)의 돌봄을 잊지 않고 정으로써 삼군을 감응시켰으며 의로운 선비들을 아꼈으니, 그들은 기꺼이 함께 패배할 준비가 되었다.

오자서는 싸움 전에 우리 편은 반드시 "적이 그르고 우리가 옳다"

는 생각을 가져야 한다고 주장했다. 달아나면서 백성을 거두는 것은 아무나 할 수 없는 것이다. 땅을 잃어도 사람을 얻으면 형주로 다시 돌아올 수 있다는 것이 그의 생각이었다.

이렇게 양양에서 퇴각하면서도 유비는 강적 조조를 상대할 수 있는 그릇임을 천하에 과시했다. 약한 자가 강한 자와 싸우려면 더 충성스러운 측근들을 데리고 있어야 함은 당연하다. 조조의 인사는 그야말로 능력주의여서 재사들이 구름처럼 주변에 몰려들었다. 반면 유비는 그만한 세력이 되지 못해서 인정에 의지하는 때가 많았다. 그러나 그의 주위에도 수는 부족하지만 조조의 휘하들 못지않은 사람들이 들끓었다. 적을 칠 사람들을 모을 때는 역시 명분이 있어야 한다. 유비의 주장은 이것이었다. "조조는 국가를 찬탈한 자다. 또 조조는 형주 백성들의 적이다. 나는 욕심이 없다. 오직 백성과 사직을 위해서 이러는 것이다." 그리고 이 주장은 백성들의 호응을 얻었다. 이렇게 그는 퇴각하면서 오히려 점점 더 강해지고 있었다. 그러나 칼 없는 백성을 얻는 것으로 피가 튀는 전장에서 승리할 수는 없다. 구체적인 대책이 필요한 때였다.

유비가 먼저 강릉에 도착하여 방어전을 펼친다면 조조로서도 골치 아픈 일이었다. 강릉은 큰 도시에다 성으로 장강의 물길이 통하고 있었고, 군량은 산더미처럼 쌓여 있었다. 조조는 항상 적의 양도糧道를 끊는 것을 작전의 제1원칙으로 삼는 전략가였다. 그가 오자서의 기본 병법을 모를 리가 없었다. 오자서는 적을 치려거든 진지를 구축하기 전이나 그들이 이동 중일 때가 좋다고 했다. 조조는 기병 5,000명으로 하루에 300리를 달려 유비를 추격했다. 그래서 당양當陽 장판에서 장비 혼자서 조조의 정예 부대를 막았다는 《삼국연의》의 이야기가 등장한 것이다. 물론 장비 혼자서 계속 조조의 군대를 막을 수는 없었고, 유비는 결국 치중을 버리고 측근들만 챙겨 달아났다. 조조 또한 이유 없이 피난민들을 죽일 위인이 아니었다. 대신 치중과 장정들을 흡수해서 세력을 더 크게 키웠다. 그러나 극소수의 인원으로 강릉에서 지구전을 펼치는 것은 불가능했기에 결국 장강을 따라 동쪽으로 달아나는 것만이 유일한 방책이었다.

엎친 데 덮친 격으로 어렵게 얻은 모사 서서徐庶의 어머니가 조조에게 억류되는 일이 벌어졌다. 서서는 유비에게 작별을 고했다. 서서는 자신의 심장을 가리키며 통탄했다.

"본래 제가 장군과 더불어 왕자와 패자의 대업을 도모한 것은 이 사방 한 치 짜리(심장) 때문이었습니다. 지금 늙으신 어머니를 잃으니 마음이 혼란하여 대업에 도움을 줄 수 없사옵니다. 청컨대 이별코자 합니다."

유비는 한마디 만류도 없이 그를 가만히 보내주었다. 한 사람의 잡부도 더없이 필요한 시점이었으나 자신의 최측근을 미련 없이 보낸 것이다. 좌중이 유비의 광대한 인품에 감동한 것은 당연했다. 마침 맹장 조운趙雲이 보이지 않았다. 어떤 이가 "조운이 이미 북쪽으로 달아났습니다"고 고했다. 그러자 유비는 휴대용 극戟을 냅다 집어던지며 꾸짖었다.

"자룡(조운의 자)은 나를 버리고 떠나지 않는다."

실제로 얼마 안 있어 조운이 아들 유선劉禪을 안고 나타났다. 이어 관우의 선단船團을 만나고, 또 유표의 아들 유기의 군대가 있는 하구夏口(무한)로 달아날 수 있었다.

유표의 아들 유기劉基는 유종과 달리 항복하지 않고 유비를 따랐다. 역시 유비의 의로움에 감동한 것이다. 지금 유기가 거느린 1만여 명과 관우가 먼저 거느리고 가서 배에 태운 군대가 유비의 총 자산이었다. 유기의 도움으로 그는 이제 약 2만 명의 군대를 거느린 만만찮은 떠돌이 군벌이 되었다.

그러나 조조는 자칭 80만 대군, 실제로는 20만에 달하는 대군사를 거느리고 장강의 상류를 차지했다. 실로 유비의 군대가 와해되지 않은 것은 기적이었다. 형세는 이렇게 결정되는 듯했다. 하지만 유비에게는 반격의 한 수가 아직 남아 있었다. 동오의 손권이 자신을 필요로 한다는 것을 알고 있었기 때문이다. 유비 또한 손권이 절실히 필요했다. 손권은 왜 유비가 필요했을까? 역시 유비의 실력 때문이었다.

《오자서병법》은 무턱대고 퇴각하라고 하지 않는다. 퇴각하면서도 반격을 기회를 노릴 것을 강조한다. 무턱대고 퇴각한다면 결국 궁지에 몰리고 만다. 유비는 퇴각하면서도 반격의 가능성을 포기하지 않았다. 그에게는 아직 오른팔 관우가 있었고, 전세를 뒤엎을 전략가 제갈량이 있었다. 또한 부족한 힘을 빌릴 수 있는 손권이 있었다.

상대의 욕망을 거꾸로 이용한다

형주를 차지한 조조는 장강의 중하류를 차지하고 웅거하고 있던 손권에게 항복을 요구하는 서신을 보냈다.

"근래 천자의 뜻을 받들어 죄 지은 자를 벌하려, 깃발이 남쪽을 향하니 유종이 스스로 손을 묶고 항복했소. 지금 거느리는 수군이 80만이니 장차 장군과 만나 오나라 땅에서 사냥을 하려 하오."

무려 80만 대군이다. 도저히 중과부적衆寡不敵이다. 그러나 항복하기는 아쉽다. 손권은 왜 그랬던가? 잠시 과거로 돌아가보자. 손권의 아버지 손견孫堅은 물론 요절한 형 손책孫策도 장강 하류에서 출발하여 강을 따라 계속 서쪽으로 나가고 싶어 했다. 형주는 바로 중원으로 나갈 수 있는 요충지였기 때문이었다. 그래서 형주의 유표와는 장강의 패권을 두고 살벌하게 싸우는 처지였다.

손권은 얼마 전 유표 아래서 강하태수를 지내며 손씨 세력과의 전쟁을 담당하던 황조黃祖를 패퇴시켜 죽였다. 황조를 죽이고 또 유표마저 죽었으니 형주에 대한 손권의 욕망은 커질 대로 커져 있었다. 형주를 얻는다면 더 큰 꿈도 꿀 수 있었다. 《삼국지》에 따르면 유표가 죽었을 때 오의 전략가 노숙魯肅은 손권의 야망에 불을 지폈다.

"형초(형주)는 우리나라와 국경을 맞대고 있으며 물길이 북쪽으로 통하고, 밖은 장강과 한수가 띠처럼 둘러싸고 있으며, 안은 험한 산들이 있으니 쇠로 만든 성처럼 견고합니다. 비옥한 땅이 만 리에 이어지고 사민들은 부유합니다. 지금 이곳을 차지하여 눌러앉는다면 제왕의 자산을 얻는 것이나 마찬가지입니다. 막 유표가 죽었고 남은 두 아들(유기와 유종)은 서로 화목하지 못하며, 군중의 장수들은 각자 이편 저편으로 갈라져 있습니다.

천하의 효웅 유비가 조조와 사이가 벌어져 유표에게 기탁했지만 유표는 그를 꺼려 크게 쓰지 못했습니다. 만약 유비가 저들과 힘을 합치고 상하가 일치한다면, 우리는 응당 저들을 위무하고 우호관계를 맺어야 합니다. 그러나 만약 틈이 생긴다면 우리가 독자적으로 행동해서 대업을 도모해야 합니다.

저는 가서 유표의 남은 아들들을 조문하고 유비에게 우리와 한마음 한뜻으로 조조에게 대응하자고 하고자 합니다. 유비는 반드시 기뻐하며 명을 받을 것입니다. 만약 일이 잘 된다면 천하도 평정할 수 있을 것입니다. 지금 빨리 가지 않으면 조조가 선수를 칠까 두렵습니다."

그런데 재빠르게 조조가 형주를 차지하고 말았다. 형주를 당장 차지할 수는 없지만 유비와 손을 잡을 필요는 더욱 커졌다. 손권도 조조처럼 애초에 유비가 자신의 상대가 안 된다고 생각하고 그를 단지 용병으로만 활용하고자 했다. 그의 힘을 빌려서 조조로부터 형주를 지키고, 싸움에서 이기면 형주를 쉽게 차지할 수 있다는 생각이었다. 손권 군대의 실권자인 주유도 형주를 먼저 차지하기 위해 줄곧 노력해 왔기에 노숙과 생각이 똑같았다.

유비로서는 참으로 운이 좋았다. 유기가 1만 명의 형주병을 이끌고 오지 않았다면 손권은 자신을 파트너로 인정해주지 않았을 것이다. 2만 명의 병력이면 자립할 수준은 아니지만 힘의 균형을 바꿀 충분한 세력이 된다. 조조에게 쫓기던 유비는 비록 절체절명의 위기를 맞았지만 손권은 물론 병권을 쥐고 있는 주유와 노숙의 심사를 알고 있었기 때문에 당황하지 않고 차근차근 연대를 굳혀 나갈 수 있었다. 이리하여 노숙을 따라 제갈량이 손권에게 갔다. 유비의 책사 제갈량은 이렇게 유세를 폈다.

"해내海內(장강 일대)에 큰 난리가 일어나니 장군께서는 강동(장강 하류)에서 군사를 일으켰고, 유예주(유비)는 한수 이남(형주)의 군중을 거두어 조조와 천하를 다투고 있습니다. 지금 조조는 큰 적(원소)을 이미 평정하고 드디어 형주를 깨뜨리니 그 위세가 사해를 진동시키고 있습니다. 그리하여 비록 영웅이라 해도 무력을 쓸 공간이 없어 유예주도 달아나 여기까지 이르렀습니다. 원컨대 장군께서는 자신의 힘을 헤아려서 처신하소서. 만약 능히 오월(강동)의 군중을 데리고 저 중원의 세력에 맞설 수 있다면 어서 조조와 관계를 끊는 것이 좋습니다. 만약 힘으로 대적할 수 없다면 어찌 갑옷을 거둬들이고 북면하여 섬기지 않는 것입니까? 지금 장군께서는 밖으로는 복종한다는 명분에 기대고 안으로는 미적거리는 것을 대책으로 품고 있습니다. 사태는 급박한데 결단을 내리지 못하면 화가 며칠 안에 닥칠 것입니다."

그러자 손권이 되물었다.

"정녕 사태가 그대의 말과 같다면, 유예주는 어찌하여 아직 조조를 섬기지 않는 것이오?"

제갈량이 대답했다.

"전횡田橫*은 제나라의 장사에 불과했으나 오히려 의를 지켜 치욕을 받지 않았습니다. 하물며 우리 유예주는 왕실의 후손으로 재주는 세상을 뒤덮고 여러 선비들이 사모하여 우러러보기를 마치 물이 바다로 들어가는 것처럼 합니다. 일이 이루어지지 않는다면 이는 하늘이 하시는 일일 따름인데, 어찌 조조 아래 들어가는 치욕을 견딜 수 있겠습니까?"

오자서가 쓴 "허로 실을 상대한다"는 것이 이런 말이다. 유비는 조조 앞에서 자신의 실력을 숨겼다. 그러나 이번에는 손권 앞에서 자신의 실력을 과장하고 있다. 지금 사신 제갈량은 유비의 실력을 한편으로 과장하고, 한편으로 결전의 오기를 내보이면서 손권을 부추기고 있다. 그러자 손권이 화를 내며 말했다.

"나는 우리 오나라 땅 전체와 10만의 군중을 데리고 있으면서 남의 밑으로 들어갈 수 없소. 나의 대책은 이미 결정되었소. 유예주가 아니면 조조를 당할 자가 없겠지만, 유예주는 방금 싸움에서 졌으니 어찌 이 어려움을 감당할 수 있겠소?"

그러자 제갈량은 병법을 논한다. 바로《오자서병법》의 두 가지 원칙을 이야기하고 있는 것이다. 첫 번째는 먼 길을 달려와 지친 적을 친다는 것이고, 두 번째는 병사들의 마음이 일치되어 있지 않고, 지휘 계통이 분명하지 않은 이를 친다는 것이다.

● 진秦나라 말기 농민기의군을 이끌고 중앙에 항거하여 제나라의 왕이 되었던 사람으로, 유방이 천하를 평정한 후 불렀으나 부끄럽다 하여 자살했다.

"우리 유예주가 비록 장판에서 패했지만 지금 다시 모인 군졸과 관우가 거느린 수군 갑병이 만 명이요, 강하에서 유기가 끌고 합세한 병력이 만 명 이상입니다. 조조의 군대는 먼 길을 와서 지쳤는데, 듣자하니 유예주를 쫓느라 경기병은 하루 밤낮으로 무려 300여 리를 달렸다고 하더군요. 이는 이른바 '강한 활로 쏜 화살도 멀리 날아가면 얇은 비단도 뚫지 못한다'고 하는 격이지요. 그래서 병법에는 이를 기피하여, 그렇게 무리하게 움직이면 '반드시 상장군을 잃는다'고 했습니다.

또한 북방 사람들은 수전에 익숙하지 않고, 또 형주의 대중으로 조조에게 붙은 이들은 위세에 눌려서 그런 것이지 마음으로 따르는 것이 아닙니다. 지금 장군께서 맹장들에게 능히 수만의 병사를 통솔하라 명하시어, 우리 유예주와 맹약을 맺고 힘을 합친다면 반드시 조조의 군대를 깰 수 있습니다. 조조의 군대를 깨면 저들은 반드시 북쪽으로 돌아갈 것입니다. 이리하면 형(형주)과 오(강동)의 세력이 강해져서 정족지세鼎足之勢가 완성될 것입니다. 성공과 실패의 갈림길이 오늘에 있습니다!"

마침 이때 80만 명 운운하는 조조의 서신이 도착했다. 좌중은 술렁거리고 모두들 선뜻 말을 못하지만 대부분 항복을 기정사실화했다. 문관인 장소張昭가 대표로 말했다.

"조공은 승냥이나 호랑이같이 사나운 사람입니다. 지금 천자를 옆에 끼고 사방을 정벌하면서 조정의 뜻이라는 핑계를 대고 있습니다. 지금 그를 가로막으면 일은 더욱 어렵게 됩니다. 또한 장군께서 조공에게 대항하며 믿는 바는 장강이었습니다. 그러나 조공이 형주를 얻고 유표가 거느리던 수군을 병합하여 돌격선이 천 척이나 되는데 만약 조공이 이 배들을 모두 강에 띄우고 보병을 동시에 진격시켜 수륙으로 내려오면, 이미 장강의 유리함을 저들도 누리게 되어 우리에게 득이 될 것이 없고, 군세의 차이는 말할 것도 없습니다. 어리석게 대책을 올리느니 그를 영접하는 것이 좋을 것입니다."

이 말을 듣고 손권은 기분이 상했다. 손권이 일어나 화장실에 가자 그동안 말이 없던 노숙이 따라 나섰다.

"여러 사람들이 의논하는 것이 오로지 장군을 오도하려고만 하고 있으니, 함께 대사를 도모할 상대가 못 됩니다. 생각해보시지요. 지금 저 노숙이 조조를 영접한다면 조조는 당연히 저를 향당으로 돌려보내고 제 이름을 고려해서 적어도 종사 자리는 주겠지요. 그러면 저는 수레를 타고 관리들을 거느리며 선비의 무리 속에서 놀면서 관작을 쌓아가면 태수 자리는 꿰어차겠지요. 하나 장군께서 조조를 맞는다면 장차 어디로 돌아가려 하십니까? 바라건대 일찍 큰 계획을 정하시고 〔早定大計〕, 여러 사람들의 의론을 받아들이지 마십시오."

노숙은 큰 싸움을 두고 우물쭈물하면 안 된다는 말을 하고 있다. 오자서는 이렇게 말했다. "질질 시간을 끌며 반격의 시기를 놓치지 마라."

손권은 노숙의 말을 듣고 갑자기 속이 뚫리는 듯했다. 그도 결단이 빠른 사령관이었다. 그는 먼저 파양호에서 수군을 조련하고 있는 주유를 불렀다. 이번에 싸움을 담당할 사람이 바로 주유다. 주유의 계획을 요약해서 들어보자.

"조조가 한漢나라의 승상이라는 이름을 핑계 대고 있지만 사실은 한나라의 도적입니다. 장군께서는 신무웅재神武雄才에다 아버지와 형의 열렬함을 함께 갖추고 수천 리 땅 강동에 웅거하고 있으니, 마땅히 한나라 조정을 위하여 사악한 자를 제거하셔야 합니다. 하물며 조조가 스스로 죽으러 이곳으로 왔는데 영접한다는 것이 가당하기나 합니까?

청컨대 제가 계획을 올리겠습니다. 지금 조조는 아직 북방을 평정하지 못해 마초와 한수가 여전히 관중 서쪽에 웅거하고 있어서 그자의 후환이 되고 있습니다. 그럼에도 조조는 자신에게 맞는 말 안장을 버리고 노를 저어서 우리 오월과 싸우려 하고 있습니다. 지금은 한겨울이라 말먹이가 없으며, 중국(중원)에서 온 사졸들을 몰아 멀리 강과 호수를 건너게 하니 풍토가 맞지 않아 장차 반드시 병이 생길 것입니다. 이 여러 가지는 모두 군사를 부릴 때 꺼리는 것인데, 조조는 이를 무시하고 쳐들어왔습니다. 저 주유에게 수군 수만을 주시면 하구에 나가 진을 치고 장군을 보위하여 조조를 격파하겠습니다!"

주유도 역시 《오자서병법》을 나름대로 해석하여 제시하고 있다. 저들은 자신들의 육상전 장기를 버리고 강으로 들어왔다. "저쪽이 쇠로 흥하면 우리는 불로써 치고, 저쪽이 불로 흥하면 우리는 물로 친다"는 오자서의 전략과 꼭 부합하는 것이다. 또한 오자서는 이렇게 이야기했다. "적이 우리 땅으로 들어와 진을 친 차에, 날씨가 맞지 않아 상하는 사람이 많으면 우리는 이길 수 있다. 우리는 날래고 저들은 피로한데 어찌 이기지 못하겠는가?" 주유가 마치《오자서병법》을 대신 읽어 주는 듯하다.

손권은 주유의 말을 듣자 마침내 의심이 말끔히 사라졌다. 손권은 이제 대의를 언급하며, 내부의 결속을 해치는 자를 용서하지 않겠다고 엄포를 놓았다.

"늙은 도적이 한나라를 폐하고 자립하려고 한 지 오래다. 나와 늙은 도적은 결코 양립할 수 없는 운명이다. 지금 그대가 쳐야 한다고 하니 이는 내 마음과 같다. 하늘이 나를 위해 그대를 보내주셨도다."

그러고는 탁자를 내리치며 다시 항복을 논하는 자는 베겠다고 선언했다. 이렇게 손권은 군중의 의심을 베었다. 오자서가 말했듯이 자기 진영 안에 의심을 두고 강자와 싸움을 할 수는 없는 노릇이다.

주유는 다시《오자서병법》에 의거하여 전황을 보고했다. 그는 상대방의 허실을 파악하고, 상대방의 약점을 이야기한다.

"여러 사람들이 조조가 보낸 편지만 보고 80만 명이네 하며 겁을 먹고, 그 허실을 다시 살피지 않고 되는대로 논의하고 있으니, 실로 고려할 바도 못 됩니다. 제가 실제를 다시 따져보겠습니다. 조조가 거느리는 중국(중원)인은 15~16만 명에 불과합니다. 또한 그들은 출정한 지 오래되어 모두 지쳐 있습니다. 형주에게 유표의 무리를 거둬들인 게 7~8만 명에 달하지만 저들은 항상 여우처럼 의심을 품고 있습니다. 무릇 피곤하고 병든 병사로써 속으로 딴 마음을 품은 군중을 제어하고 있으니, 비록 숫자는 많으나 두려워할 바가 못 됩니다. 저 주유가 수군 5만 명을 얻으면 충분히 저들을 제어할 수 있습니다."

준비되지 않은 적의 틈새를 노린다

이렇게 하고 군사를 모았지만 겨우 5만 명에 못 미치는 3만 명이었다. 유비는 주유가 거느린 수군의 수가 적은 것을 걱정했는데 여전히 주유는 자신만만했다.

"3만 명이면 충분합니다. 유예주께서는 저 주유가 저들을 격파하는 것을 구경이나 하시지요."

조조는 강해보이지만 사실은 도적이니 우리가 명분이 있다. 우리의 힘을 믿어야 한다. 조조는 후방을 안정시키지 못하고 남쪽으로 원정하는 무리수를 두었다. 먼 길을 와서 피로하며 자신들에게 익숙하지 않은 방법으로 싸우려 하고 있다. 또한 시절이 겨울이라 말 먹이가 부족하고 군중에 전염병이 일 것이다. 또 내부의 군심이 일치하지 않고 군사력은 과장되어 있다. 주유는 자신감이 넘쳤다. 삼군의 우두머리는 반드시 이길 수 있다고 여길 때만 싸워야 하는데 주유는 실로 승리를 자신하고 있었다. 주유는 이렇게 좌우의 의심을 없앴다.

또 하나 오자서가 한 말을 기억해보자. 오자서는 "군졸들은 나이가 많아 다스릴 수 없고, 장수는 젊고 미숙하여 의심만 많고 결단을 내리지 못할 때 군대는 힘이 없다"고 했다. 그런데 지금 주유는 젊다. 강동의 능력 있는 장수들은 대개 주유보다 나이가 많았다. 하지만 주유는 젊은데도 불구하고 늙은 신하들이 깊이 복속하고 있었다. 그 선두가 바로 노장 황개黃蓋였다.

당시 싸움에 임하는 오나라 사령부를 보자. 젊은 주유가 좌도독을 맡고 나이든 정보가 우도독을 맡았다. 중간에서 전체적인 전략을 조율하는 사람은 노숙이었다. 그런데 제일 나이든 사람(황개)도 믿을 정도라면 그 젊은이는 실력을 인정받은 것이다. 정보를 우도독으로 둔 것은 예의 차원이고 실질적인 군권은 주유가 가지고 있었다. 특히 손권은 주유에게 전권을 맡김으로써 모든 의심을 없앴다. 그는 출정하는 주유에게 후방에서 계속 인원과 물자를 지원하겠다고 다짐하며 이렇게 말했다.

"경이 스스로 생각해 이길 수 있다면 싸워서 결판을 내시오. 만약에 싸움이 여의치 않다면 기꺼이 나에게로 돌아오시오. 내가 응당 맹덕(조조의 자)과 결판을 짓겠소."

손권의 이야기는 "싸워서 이기지 못할 듯하면 후퇴하라. 내가 온 나라를 들어서 자웅을 겨루겠다"는 뜻이다. 주유에 대한 신임이 이 정도였으니 좌우에서 감히 이의를 제기하지 못했다.

과연 조조 진영에서는 남쪽 나라의 풍토에 적응하지 못한 군사들이 풍토병에 걸려 무더기로 쓰러져 나갔다. 물론 형주에서 항복한 이들은 사태의 추이만 지켜보고 있었다. 주유 진영의 중견 장수 황개는 주유에게 특단의 결단을 촉구했다.

"저들은 많고 우리는 적으니 싸움을 오래 끌 수가 없습니다. 저들의 함대가 마침 머리와 꼬리가 서로 이어져 있으니 불살라버릴 수 있습니다."

오자서의 말처럼 "불로 쇠를 치자"는 전술이다. 《삼국연의》에서는 방통의 연환계連環計로 조조가 배를 서로 연결했고, 또 제갈량이 동남풍을 빌어 바람의 방향이 바뀌었다고 이야기하고 있다. 사실 강에서 바람의 방향은 수시로 바뀌게 마련이다. 그곳 자연지리에 익숙했던 제갈량은 동남풍이 부는 시기를 예측하고 있었고, 동남풍이 불면 강의 상류와 북안을 장악하고 있는 조조의 선단을 화공으로 공격할 수 있다고 생각했다. 문제는 누가 고양이 목에 방울을 다느냐에 있었다. 이때 노장 황개가 고육책苦肉策을 제안하고 거짓으로 조조 진영에 투항한다는 밀서를 보냈다. 조조는 형주의 유표 군단이 그랬던 것처럼 손권과 유비의 연합군도 이렇게 무너지는구나 하고 기뻐했다.

마침 정해진 날 황개의 전함 열 척이 조조의 진영으로 들어왔다. 조조 진영의 사람들은 물론 황개가 항복하러 온다고 생각하고 환호했다. 그러나 황개의 배는 기름을 먹인 인화물질로 가득한 돌격선이었다. 조조 군단에서 불과 몇 백 미터 떨어진 곳에서 배에다 불을 지르자 불은 바람을 타고 순식간에 전 함대로 퍼져나갔다. 오자서가 말한 "적이 준비되지 않은 틈에 타격하라!"는 작전이었다.

이렇게 상상도 못했던 공격을 받아 다급해진 조조는 배를 버리고 상륙하여 육지로 달아났으나 일기가 좋지 않아 수많은 병사들이 쓰러졌다. 장강 북안의 겨울은 습하고 춥지만 얼음이 얼지 않는 전형적인 난대습윤기후 지역이다. 말발굽이 진창에 빠져 기병이 전진할 수 없자 보병들이 길에다 흙을 부었다. 설상가상 비가 내리니 병사들이 얼어 죽었다. 대다수의 병사들은 굶고 병들어 싸우지도 못하고 죽었다. 이것이 바로 그 유명한 적벽의 싸움이다.

나의 과실을 드러내 적을 교만하게 만든다

이제 유비의 입장에서 득실을 살펴보자. 유비는 열세의 상황에서도 수하들은 물론 동맹자까지 자신을 중심으로 결속시키고 결국 형주를 되찾았다.

처음에 유비가 손권에게 내민 카드는 이런 것이었다. "조조는 이미 형주를 차지하고 그대 손권의 땅까지 병합하려 한다. 가만히 앉아서 조조의 뜻대로 갈 것인가 아니면 조조를 물리쳐 그대가 오매불망 그리던 형주를 차지할 것인가? 만약 나와 연합한다면 내가 그대의 힘이 되어주겠다. 조조를 쳐서 함께 형주를 차지하자."

하지만 유비가 내민 이 카드의 뒷면에는 속임수가 숨어 있었다. 유비는 애초에 싸움에서 이기면 형주를 독차지하겠다는 계획을 숨기고 있었다. 그로서는 이미 유표의 유언을 지켰고 형주의 민심을 얻었다. 그러니 어차피 형주의 대중은 그를 받아들일 준비가 되어 있지 않겠는가? 그렇다면 유비는 어떻게 조조와 손권을 따돌리고 형주를 되찾을 수 있었을까?

조조는 원소를 꺾은 후 기세등등하게 형주를 차지하고 나아가 동오를 평정하려 한다. 이렇게 강력한 조조와 정면으로 싸워 이기기는 불가능하다. 그를 이기려면 내부를 동요시키고, 교만하게 만들어야 한다. 조조는 유비가 손권과 결탁하는 것을 경시했고, 저들이 먼저 강을 건너 선제공격하리라고는 상상도 못했던 것이다.

게다가 적벽의 싸움을 마무리하며 유비는 또다시 전략적으로 뛰어난 행동을 한다. 적이 돌아갈 때 따라붙어 치는 것이 《오자서병법》의 중요한 요결이다. 손권은 이 부분에서 서툴렀다. 유비는 퇴각하는 조조군을 바로 따라붙어 텅 빈 형주를 독차지했다. 과거 유표가 죽었을 때 형주를 차지하라는 측근의 이야기를 듣지 않고 형주를 내준 것이 오히려 형주를 완전히 찾는 지름길이 되었다. 열세에서 바짝 엎드렸다가 상대를 태만하게 하고, 상대가 극도로 태만해졌을 때 기회를 타서 질풍처럼 반격하는 것은 오자서가 유독 강조하는 바다.

그렇다면 조조는 왜 패했는가? 그는 형주를 수중에 넣고 교만해졌다. 그러니 황개의 투항을 곧이곧대로 믿은 것이다. 손권 역시 닭 쫓던 개처럼 유비가 형주를 차지하는 것을 볼 수밖에 없었다. 그만큼 유비의 행동은 빨랐다. 조조와 마찬가지로 손권 또한 유비의 역량을 무시해서 이렇게 다 얻은 형주를 얻지 못했다. 이렇듯 유비는 상대를 교만하게 만드는 데 일가견이 있었다. 유비는 만만한 사람이 아님에도 조조나 손권 모두 그를 만만하게 보는 실수를 범한 것이다.

사실 적벽의 싸움에서 주력군을 이끈 이는 주유였지만, 유비의 원조군의 역할도 만만치 않았다. 특히 유비에게 더욱 큰 힘이 되었던 것은 유표의 아들 유기가 유비 진영에 있었다는 점이다.

역사에 가정은 무의미하다지만 이렇게 가정해보자. 조조가 교만에 빠지지 않고 형주의 군민들을 위로하여 자기 수족으로 만들었다면 삼국의 형세는 만들어지지도 않았을 것이다. 이기고 나서 사람들을 위무하는 것이 조조의 장기인데도 손쉽게 형주를 얻은 탓에 그런 실수를 했던 것이다.

적벽의 승리 이후 유비의 성공가도는 거칠 것이 없었다. 전략적 요충지 형주는 아우 관우를 두어 지키게 하고는 무주공산에 다름없던 거대한 익주(오늘날 사천성四川省)를 무리 없이 삼키고 세운 나라가 바로 촉이다. 여기서 더 나아가 하후연夏侯淵을 베고 장차 중원을 공략하는 교두보로 한중漢中을 취했다. 한중은 과거 한나라를 세운 유방이 반격의 근거지로 삼았던 곳이다.

그러나 유비의 나라는 시작부터 커다란 약점이 있었다. 한중과 형주 사이에 거대한 진령秦嶺이 놓여 있어서 두 요충지가 긴밀하게 연계하며 작전을 펼칠 수 없다는 점이었다. 그래서 한중의 주둔군과 형주의 주둔군이 별개의 군대가 되었다. 또한 형주는 긴 장강의 협곡을 통해 익주로 연결되어 있기에 익주와 연합작전을 하기에도 불리했다. 이는 오자서가 극히 꺼리는 형국이다. 군대의 전위와 후위, 좌익과 우익이 서로 도울 수 없는 포진이었다. 훗날 모택동은《오자서병법》의 분석과 마찬가지로, 유비가 형주와 익주(한중은 익주에 가깝다)로 군대를 나눈 것이 패배의 시작이었다고 지적했다.

그러나 유비로서도 어렵게 얻은 전략적 요충지 형주를 포기할 수 없었으니 불가피한 선택이었을 것이다. 결국 동쪽으로 손권과 손을 잡고 형주를 안정시킨 후, 한중과 형주에서 중원을 도모한다는 것이 유비의 웅대한 구상이었다. 그러나 이 구상은 형주에서 깨진다. 문제는 관우였다. 관우는 싸움에 관한 한 촉나라 제1의 실력자였다. 그러나 그에 걸맞은 전략적인 재능과 정치력이 없었다. 결국 관우의 실패와 함께 유비는《오자서병법》을 완전히 거꾸로 실천하는데, 이로써 그의 대망도 물거품이 되고 만다.

두 가지 마음을 품은 사람은 아군이어도 경계한다

관우는 기량이 적은 것이 아니라 너무 큰 것이 문제였다. 군대를 부리는 데는 신출귀몰한 면이 있어서 소수로도 빈번히 다수를 이겼다. 초의 옛 땅인 강릉(형주의 가장 중요한 도시)을 차지하고 있는 그는 약간의 조바심을 냈다. 한중과 양동작전을 펼치지 않고 스스로의 힘으로 북방을 개척하겠다는 것이었다. 한때 관우의 위세를 두려워한 손권은 아들을 관우의 딸에게 장가보내고자 했는데 관우가 코웃음을 쳤다. 손권이 이 일로 비위가 상한 것은 당연했다. 또한 그는 호오가 대단히 분명해서 일 처리가 마음에 들지 않는 이들이 있으면 엄벌을 공언했다. 그러니 군중에는 겉으로는 복종하는 척하면서 속으로 딴 마음을 품는 이들이 있었다. 《오자서병법》은 항상 군중에서 상하의 틈이 생기는 것을 경계한다.

마침 손권의 합비 공세가 펼쳐졌다. 촉와 오는 동맹국이니 이때 관우가 서쪽에서 시위를 벌여주는 것이 당연했다. 관우는 강릉을 미방_{麋芳}에게 맡기고 북상하여 번성_{樊城}을 공격했다. 양양성과 번성이 한수를 마주보고 있어서 양번이라고 부르는 이곳은 남양의 광대한 평원을 관장하는 요충이었다. 북쪽에서 내려오든 남쪽에서 올라가든 이 지역을 반드시 통과해야 한다. 그러기에 조조는 노련한 장수인 조카 조인_{曹仁}으로 하여금 번성을 지키게 했다. 관우는 수군을 이끌고 있었는데 성을 지키는 조인의 군대는 육군이었다. 마침 폭우가 내려 한수가 범람하니 조인의 군대가 모두 물에 잠겼다. 관우는 배를 타고 다니며 언덕마다 고립되어 있는 위나라 부대를 하나씩 격파했다. 그러나 전세를 결정지은 것은 아니었다. 주위의 위나라 성들이 차례로 관우에게 항복했지만, 번성이 장마로 무너지는 상황에서도 조인은 악착같이 버텼다. 결국 물이 빠지고 조인은 가까스로 살아났다. 관우의 위세가 얼마나 대단했는지 조조는 도읍을 옮길 생각까지 했다.

그러나 이번에는 조조 진영의 모사 사마의가 오자서의 작전을 들고 관우의 빈틈을 파고들었다. 사마의는 오자서에 버금가는 병법가다. 싸우지 않고 상대의 전투력을 꺾는 것이 이 사람의 장기다. 그는《오자서병법》을 적극적으로 해석해서 주동적으로 상대를 분열시키는 전략을 제안했다.

"유비와 손권이 겉으로 친한 듯하나 속으로는 딴 마음을 품고 있습니다. 손권은 지금 관우가 강대해지는 것을 바라지 않습니다. 손권에게 관우의 뒤를 치게 하고, 대가로 강동 땅을 떼어주고 정식으로 봉하겠다고 하면 관우는 포위를 풀 수밖에 없을 겁니다."

당시 손권 옆에는 여몽이 보좌하고 있었는데 그는 사마의 못지않은 자였다. 여몽은 비굴한 언사로 관우를 속여 촉군의 주력을 모두 북쪽 전선으로 보낸 후 텅 빈 강릉을 쳤다. 이렇게 여몽이 슬그머니 동맹을 배반하고 관우가 떠난 촉군의 근거지를 치자 평소 관우에게 밉보인 미방은 바로 항복하고 말았다.

미방의 배신으로 오갈 곳이 없어진 관우는 외로이 떠돌다 결국 오군에게 잡혀 죽고 말았다. 이렇게 촉-오의 연합은 허무하게 깨지고 말았다. 관우는 오의 배반을 예상하지 못했고, 후방에 남겨둔 미방 등 부장들의 속마음을 모르고 있었다. 그래서 싸움은 전방보다 오히려 후방이 중요한 것인지 모른다. 관우는 오나라의 배반을 꿈에도 생각하지 못했다고 하나 그 자체가 잘못이었다. 사실 삼국정립 형세의 한가운데에 있는 사령관이 이합집산의 가능성을 사전에 타진하지 못한 것은 변명의 여지가 없다.

관우가 패망한 화근은 내부를 다지지 못한 데 있었다. 관우는 신의를 중시하는 사람이라 신의가 부족하거나 인품이 자신의 마음에 차지 않으면 홀대했다. 미방도 그런 홀대를 받는 사람 중의 하나였다. 관우는 번성을 공략하면서 미방에게 군량 공급을 맡겼다. 그런데 미방은 홀대 받는 차라 정성을 다하지 않았다. 그러자 관우는 군영에서 남이 들리도록 말했다.

"돌아가면 반드시 벌을 주겠다."

이 말을 들은 미방이 두려워 관우가 돌아오기 전에 싸우지도 않고 오나라에 항복하고 만 것이다. 오자서는 "출정 전에 내부를 단속하라"고 말한다. 즉, 내부에 두 마음을 품는 사람이 없어야 한다. 그런데도 관우는 두 마음을 품은 사람에게 일을 맡겼고, 또 벌을 주겠다고 엄포까지 놓았다. 그리고 《삼국연의》에는 "당장 군량미 10만 석을 준비하라"고 명했다고도 나온다. 오자서는 "갑작스럽게 명령을 내려 목표를 달성하게 해서는 안 된다"고 강조했다. 그러니 미방 등이 두 마음을 품는 것도 이해가 된다. 정사 《삼국지》의 저자인 진수陳壽의 평처럼 관우는 만 명을 상대할 만큼 용맹하여 모든 면에서 열세였던 유비를 따라 오직 자신의 기량으로 유비의 희망에 불을 지폈다. 하지만 성격이 완고하고 교만하여 천하통일의 대업을 이루기도 전에 내부의 배반으로 희생되고 말았다.

상대가 예측할 수 있는 전략은 피한다

유비는 관우를 잃자 이성을 잃고 말았다. 그는 이렇게 선언했다. "무조건 오를 쳐서 관우의 원수를 갚는다." 이제 유비의 눈에는 삼국 최고의 강자인 위나라도 안중에 없었고, 강자를 상대하기 위한 약자 간의 동맹도 안중에 없었다. 무조건 오나라를 쳐서 관우의 복수를 하는 일념뿐이었다.

전쟁이란 나라의 흥망을 결정하는 대사다. 개인적 원한으로 시작해도 안 되고, 나아가 계산 없이 무조건 달려들어서도 안 된다. 게다가 익주에서 형주로 나오는 길은 장강을 따라 난 꼬불꼬불한 소로였다. 오늘날 차량으로도 가기 힘든 길을 유비는 익주의 전 병력을 이끌고 통과했던 것이다. 오자서는 병력을 종대로 분산시키는 것을 가장 경계했다. 이렇게 유비는 시작부터 《오자서병법》을 거슬렀다.

이때 유비의 대군을 맞이한 오나라의 대장은 육손이었다. 통상적인 병법에 의하면 협곡의 입구를 틀어막고 계곡을 빠져 나오지 못하게 막는 것이 보통이다. 그러나 육손은 《오자서병법》의 요결을 꿰뚫고 있었다. 그는 결정적인 순간을 기다리고 있었다. 육손은 계곡이

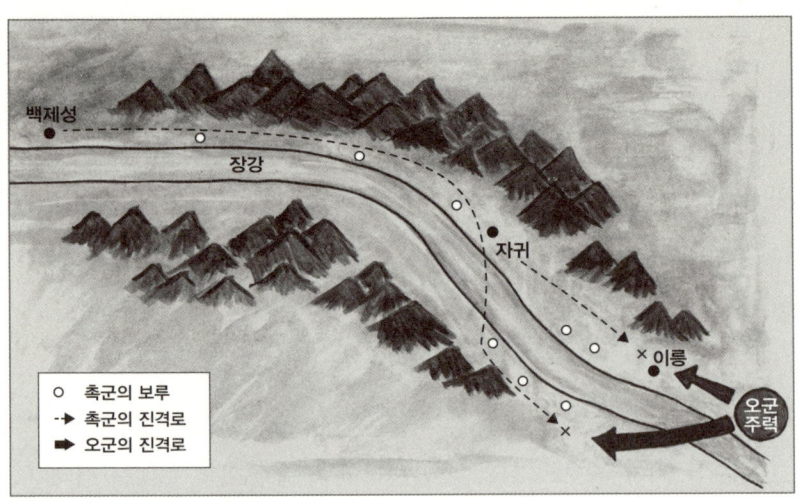

유비와 육손이 결전을 벌인 이릉대첩
결정적인 순간에 유비를 장악하려 했던 육손은 긴 장강의 협곡을 따라 촉군을 종대로 분산시키고 반격을 감행했다.

끝나는 이릉을 점거하고 유비가 길고 긴 협곡에 장사진을 치며 빠져나오기를 기다리고 있었다. 장수들이 바로 치자고 하자 육손이 대답한다.

"유비가 촉의 전군을 동원하여 동쪽으로 나오고 있는데 출정 직전이라 기세가 날카롭기 그지없고, 또 험한 곳들을 지키고 있으니 우리가 나가서 공격하기는 어렵소. 이긴다 해도 완전한 승리를 기대하기는 어렵고, 만약 진다면 우리의 기세만 꺾일 것이오.

저들이 산을 넘어서 진군하고 있으니 군세를 펼쳐서 공격하지 못할 것이고, 험한 산길에 피로해질 것이니 저들이 점점 더 피로해지기를 기다려 쳐야 합니다."

오자서는 이미 "적의 예기에 정면으로 달려들지 말고, 적이 완전히 지칠 때까지 끌어들여라. 그리고 그들을 태만하게 하라"고 말했다.

그러자 여러 장수들은 이구동성으로 한탄했다.

"유비를 치려면 조기에 쳤어야 했습니다. 이제 우리 땅으로 5~600리나 들어왔고, 7~8개월 동안 맞서는 사이에 험한 거점들을 차지했으니 지금 치기는 이미 늦었습니다."

하지만 육손의 생각은 달랐다. 오자서는 말했다. "저들이 우리 땅으로 와서 싸울 때는 날씨가 아주 무더워 상하는 사람이 많고, 우리는 날래고 저들은 피로할 것인데 어찌 이기지 못하겠는가?" 육손은 수개월에 걸친 대치와 점진적인 후퇴를 거듭했다. 그러면서 반격의 시기를 노렸다. 장거리 원정과 무더위에 지친 유비의 군대는 출발 시기의 예기는 이미 꺾였고, 또 7개월 동안 싸우지 않고 물러나거나 지키기만 하는 오나라 군대를 얕잡아보고 있었다.《오자서병법》에 나오는 필살기, 즉 적을 사지로 깊숙이 끌어들이는 전술에 말려든 것이다.

7개월이 지난 어느 날, 육손은 갑자기 전군을 돌려 반격을 감행했다. 그 역공을 받자 촉군의 선봉은 여지없이 무너졌다. 당시 유비는 더위를 걱정해서 골짜기를 따라 무려 700리에 이르는 진을 구축하고 있었다. 그러니 선두가 깨져도 중군이 구원할 수 없고, 중군이 깨져도 후위가 구원할 수 없었다. 육손은 육군과 수군으로 동시에 진격해 유비의 진을 하나씩 토막내며 숲에다 불을 질렀다. 나오는 길도 하나요, 돌아가는 길도 하나인 곳에서 유비의 군대는 차례차례 격파당하고 말았다. 긴 종대로는 수는 많아도 효율적으로 대응할 수가 없었다.

한편 위나라 조비는 유비가 700여 리에 이르는 진을 구축했다는 소식을 듣고 신하들에게 이렇게 말했다고 한다.

"유비는 병법을 모른다. 700리에 이르는 진을 만들어 어떻게 적을 막을 수 있나? 고원, 습지, 험한 곳을 둘러싸고 진을 치는 것은 병법에서 금하는 것이다."

적을 칠 수 없는 대형으로 군대를 배열하는 것은 병법뿐 아니라 상식이 금하는 것이다. 촉은 여전히 가장 약한 나라였다. 약한 자가 정면대결을 시도한 점, 약한 자가 군대를 길게 배치한 점, 상대 사령관을 어리다고 무시한 점이 모두 실책이었다. 그런데 또 하나의 실책이 있었다. 바로 기세를 간직할 전략을 짜지 못했던 점이다. 육손은 손권에게 올린 상소에서 이렇게 고백했다.

"신은 유비가 수륙으로 병진할까 두려웠습니다. 그런데 그는 배를 두고 육지 곳곳에 진을 쳤습니다. 그가 진을 친 것을 보니 반드시 다른 변화가 없는 것을 알 수 있습니다. 지존께서는 베개를 높이 베고, 이 일은 걱정하지 마시옵소서."

어차피 전군을 들여서 공격했다면 유비는 빠른 배를 타고 복수의 기세를 죽이지 않고 파죽지세로 바로 오나라의 수도를 향해 돌격해야 했다. 이것이 훗날 두예杜預가 실제로 오나라를 멸망시킨 방법이었다. 강의 상류를 점한다는 이점을 완전히 버리고 사지에서 스스로 쉬고 있었으니, 당시 유비는 흥분해 대책도 없이 달려들었던 것이다. 육손이 말한 "다른 변화(대책)는 없는 것 같다(無他變)"는 말을 새겨들을 필요가 있다.

오자서는 어떻게 말했나? 허에 실로, 실에 허로 대하는 변화를 주문했다. 하지만 유비는 상대가 뻔히 예측할 수 있는 작전을 썼다. 이릉의 싸움에서 육손은 확실히《오자서병법》의 실행자였다.
　맨손에서 출발하여 형주를 차지하고 이어 촉나라를 세워 삼국정립의 위세를 떨칠 때까지 유비는 확실히《오자서병법》의 실천가였다. 하지만 관우를 잃은 슬픔에 흥분하여 일순간《오자서병법》의 요체를 망각하면서 결국 한순간 무너졌다. 이릉에서 유비는 아군을 필사의 땅에 두고 말았다. 그리고 한실부흥의 꿈은 여기서 꺾였다.
　오자서는 말한다. "필사의 각오로 전장에 나가라. 그러나 아군은 필생의 땅에 두라." 그래서 나는 유비를 두고 대체는 알지만 응용은 미숙했던 초보자로 분류했다.

제2장

적시에 움직여 적을 단번에 덮친다 _중수 주원장

군대는 곧은 일을 할 때 굳셉니다. 지금 우리는 곧고 저들은 굽었는데, (저들의 수가 많으나) 어떻게 이길 수 없겠습니까?
— 서달徐達, 《명태조실록》

이제 우리는 두 번째 주인공을 만나러 간다. 《오자서병법》을 이해하는 면에서 유비보다는 몇 수 뛰어나지만, 유방보다는 부족한 면이 보이는 이 사람. 바로 명나라를 세운 풍운의 사나이 주원장이다. 그도 처음엔 가난한 농민에서 시작했지만 원나라 말기 강남 지역에서 일어난 농민반란인 홍건군紅巾軍에 참가하면서 두각을 드러낸 후 결국 중원의 주인이 되었다. 그는 홍건군 내부의 격렬한 주도권 싸움이 진행되는 과정에서 《오자서병법》을 활용해 싸움의 공간과 시간을 장악했다. 그는 이른바 임기응변과 순간포착의 달인이었다. 그럼에도 그는 시종일관 대의를 방기하지 않았다.

인간의 고통을 먼저 헤아린 탁발승 주원장

> 우리 아버님께서 이곳에 오셨을 때 농사가 하도 힘들어 조석으로 방황하셨다. 굶주린 차에 하늘의 재앙이 내려 우리 식구들은 횡액을 맞았다. 그때 아버님 춘추는 예순넷, 어머님은 쉰아홉이었다. 큰형도 먼저 돌아가셨기에 세 분을 함께 장례를 치러야 했다. 지주는 우리의 고통을 헤아려주지 않고 도리어 고래고래 소리를 지르며 장지를 내주지 않았다. 홀연 이웃의 부형이 이 처지를 보고 분하고 원통하게 여겨 고맙게도 땅을 떼어주었다. 관곽도 없이 헤진 옷으로 시신을 싸서 겨우 삼척 깊이에다 묻었다. 그러니 어찌 제사상인들 차릴 수 있었겠는가?
> — 〈어제황릉비〉

원나라 말기, 회하淮河 일대에 끔찍한 가뭄이 찾아들었다. 호주濠州의 소작농 주朱씨와 아내, 그리고 큰 아들은 불과 한 달 만에 굶주림 중에 얻은 전염병을 이기지 못하고 세상을 떠났다. 남은 두 형제는 따로 입에 풀칠할 방법을 찾아야 했고, 동생(주원장)은 유리걸식하다 탁발승이 되었다. 비참한 나날이었지만 이 중은 비록 불법佛法에는 관심이 없어도 인간사는 하루하루 훤하게 꿰뚫어나갔다. 그가 훗날 농민군을 이끌고 수많은 경쟁자들을 물리치고 결국 몽골족을 북방으로 밀어내고 명나라를 세운 명태조 주원장이다.

원나라 말기 회하 이남은 농민봉기의 불길이 휩쓸고 있었다. 주원장도 그 농민봉기의 대열에 참여하여 곽자흥郭子興이라는 호주 군벌 밑에서 군인 생활을 시작했다. 이후 그는 숨은 재능을 발휘하여 2인자의 위치에 올랐고, 곽자흥이 죽자 그 조직을 그대로 자기 것으로 만들었다. 이후 그는 남경을 공략하고 그곳에 할거하면서 강남의 거대 농민군의 수장이 되었다.

먹을 것을 해결하는 자만이 살아남는다

주원장의 전략을 검토하기 전에 그의 어린 시절을 잠시 언급한 것은 《오자서병법》의 핵심인 "나는 옳고 너는 그르다"는 싸움 개시의 원칙, "유격전은 먹는 것이 급선무다"라는 전략적인 선결사항을 상기하기 위해서다.

원나라 조정의 힘이 미치지 못하는 회하 이남 지역의 군벌은 손으로 꼽을 수 없을 정도로 많았다. 언젠가는 모두 사라지고 결국 한둘이 남아 자웅을 겨루고, 운이 좋으면 원나라와 최후의 결전을 치르게 될 것이다. 처음부터 운명은 정해진 것이 아니었다. 그러면 누가 남을 것인가? 먹을 것을 해결하는 이가 남는다. 양식이 끊어진 군대는 흩어진다. "어찌하면 살아남는가"라는 주원장의 질문에 모사 주승朱升은 이렇게 대답했다.

"성을 높이 쌓고, 양식을 산처럼 쌓고, 천천히 왕을 칭한다."

이를 어떻게 해석할 수 있는가? 즉 물러날 곳을 닦아 놓고, 배불리 먹으면서 적을 기다리고, 명분을 키운다. 이 세 가지는《오자서병법》의 핵심고리로 서로 분리될 수 없다. 군대는 굶으면 타락한다. 굶주린 군대는 약탈하고, 약탈하는 군대는 후방을 잃는다. 세상을 구하겠다고 일어난 군대도 굶주리면 바로 도적이 되어 깡그리 긁어간다. 그리고 사람도 잡아먹는다. 주원장의 경쟁자들 중 8할이 그런 함정에 빠져 도태되었다. 그들은 어떻게 양식을 모으는가? 바로 군사들이 농민이 되는 둔전이다. 하지만 주원장의 군대는 두 가지를 내세웠다. 하나, 식량은 자기 것을 먹는다. 둘, 약탈하고 죽이지 않는다. 시절이 얼마나 혹독했던지 그 정도 규율을 지키는 것만으로도 그들은 '정의의 군대'가 될 수 있었다. 그는 《명사明史》와 《실록實錄》 곳곳에서 이렇게 자부했다.

> 나의 군대는 백성을 침범하지 않는다. 사람을 함부로 죽이지 않는 것 하나로 천하를 평정할 수 있다.

그리고 아군은 놀고먹지 말라고 못 박았다.

> 옛날에는 군인들은 농토에 붙어 있었다. 일이 벌어지면 나가서 싸우고, 없으면 땅을 갈고, 밭 갈다 한가한 시기에 무예를 단련했다. 이리하면 백성들은 놀고먹는 폐단이 없을 것이요, 나라에는 훈련이 안 된 군인이 없을 것이니, 싸우면 이기고 지키면 단단할 것이다.
> – 《태조실록 6권》

싸움을 하려면 어떤 군대를 이끌고 가는가? 삶의 터전을 지키려는 사람들을 데리고 가야 한다. "너는 그르고 나는 옳다. 너는 나의 영역을 침범하고 나의 몫을 빼앗으려 한다. 그러니 나는 싸워야 한다!" 주원장은 이렇게 자신의 군대에게 싸움의 이유를 주입시켰다. 그는 자신이 가난한 소작농 출신이라는 것을 잊지 않았다. 미리 준비해야 양식이 있고 먹어야 싸운다. 잘 먹지 못하는 군대를 데리고 무턱대고 투지에 호소해봐야 소용없는 일이다.

그리고 "천천히 왕을 칭한다"는 강령에 유의해보자. 때로는 빨리 주도권을 잡기 위해 먼저 왕을 칭하는 것도 필요하지 않을까? 그러나 왕을 칭하려면 명실이 부합해야 한다. 후한 말 조조, 유비 등과 대립하던 원술袁術은 황제를 칭하자마자 명목뿐이지만 여전히 살아 있던 한 왕실과 여러 군벌들의 공적이 되어 사면에서 공격당하는 처지가 되었다.

오자서는 이렇게 말한다. "덕이 없으면서 스스로 군주가 되고 왕이 된 자는 쳐도 좋다." 그것은 바로 명실상부하지 않으면 힘이 없고, 공격의 대상이 되기만 한다는 것이다. 주원장이 흥기하던 시절은 그야말로 군벌할거의 시대였다. 어떤 군벌이 공격당할 구실을 주기만 하면 여타 군벌들끼리 뭉쳤다. 그래서 주원장은 사태가 거의 마무리 될 때까지 '황제'라는 허울뿐인 이름을 차지할 생각을 하지 않았다.

주원장은 이렇게 말한다. "나는 비참한 생활을 안다. 너희들을 먹여주고, 사람을 함부로 죽이지 않겠다. 나는 황제가 되려는 것이 아니라 백성들을 구하려는 것이다."

비록 주원장이 속으로는 야심을 품고 있었겠지만, 당시의 많은 경쟁자들 중에 이 정도의 기치를 내건 이는 아무도 없었다.

그러나 정의의 군대라는 외피로만 승리를 얻을 수 없다. 싸움은 승부가 갈리는 공간이고 누군가는 쓰러져야 하는 곳이지 권선징악의 도덕 교과서는 아니기 때문이다. 그래서 전략이라는 것이 등장한다.

주원장이 한참 세력을 굳히고 있을 때, 강남의 군벌은 대략 1강, 1중, 1약 체제로 고착되고 있었다. 최강은 호북과 호남, 강서를 장악하고 안휘성까지 치고 내려온 서부의 진우량陳友諒이었다. 주원장과 마찬가지로 하급 군인에서 시작하여 실력으로 출세한 사람이었다. 그는 무예가 출중했지만 인격적인 약점이 있었다. 그는 원래 하층민들의 메시아로 여겨지던 서수휘徐壽輝 무리에 들어가 그 부장인 예문준倪文俊 휘하에 있었다. 당시 서수휘는 상징적인 우두머리였고, 실권자는 예문준이었다.

한 조직에 우두머리 둘이 있기는 어려운 법이다. 서수휘와 예문준은 호시탐탐 상대를 제거할 기회를 엿보고 있었다. 그러던 중 서수휘의 공격을 받은 예문준이 한때 자신 밑에서 일했던 진우량의 관할지로 탈출했다. 그러나 진우량이란 인사는 신의가 있는 자가 아니었다. 진우량은 냉큼 은신처를 찾아온 예문준의 목을 베어 서수휘에게 보내고 예문준의 관할지와 병력을 그대로 흡수했다.

그다음으로 강한 이는 남경에 자리 잡은 주원장이었고, 가장 약한 이가 강소성江蘇省 동부와 절강성에 자리잡은 동쪽의 장사성張士誠이었다. 그러니 주원장은 서쪽의 강적과 동쪽의 껄끄러운 상대를 동시에 상대해야 하는 처지였다. 다만 동쪽의 장사성은 기회주의자였기에 진우량과 주원장을 먼저 싸우게 해서 어부지리를 얻으려는 심산으로 쉽게 움직이지는 않았다.

주동적으로 적을 유인한다

예문준의 군대를 흡수하고 기세등등하던 진우량은 홍건군의 상징인 서수휘의 이름을 빌려 주원장을 치려 했다. 그는 주원장만 제거한다면 장사성 따위는 감히 상대가 되지 못할 것으로 생각하고는 장사성에게 동서에서 주원장을 협격하자는 서신을 보냈다. "동서에서 쳐서 땅을 나누자." 그러나 장사성은 그러마 하고 대답했지만 사실은 여우처럼 기회만 보고 어부지리만을 노리고 있었다.

그리고 나서 진우량은 다시 욕심을 부렸다. 상관인 서수휘를 죽이고 스스로 나라를 세우고는 국호를 대한大漢이라 칭했다. 그의 약점은 이것이다. 한때는 망명 온 사람을 죽이고 그 군대를 차지했고, 이번에는 자기의 주군을 살해하고 정권을 잡은 것이다.

진우량은 거선 100척과 소선 수백 척에 수병을 싣고 동쪽으로 출정하여 안경을 떨어뜨리고, 남경을 지근거리에서 공격할 수 있는 태평太平(지금의 안휘성 당도當塗)을 점령했다. 이 싸움에서 주원장 측의 수많은 지휘관들이 전사했다. 태평이 함락되자 주원장의 막하에는 온갖 의견이 분분했다. 상식적으로 전투에서는 병력은 많을수록, 수전에서는 상류를 선점할수록 유리하다. 진우량과 주원장의 군세는 상당한 차이가 있었다. 물살을 타고 내려오는 군대는 배를 돌릴 수 없기에 더 사기가 높고, 노 젓기에 힘을 들이지 않으니 같은 인원이라도 전투력이 강할 수밖에 없다. 그래서 수하들 중 기가 약한 이들은 아예 항복을 청했다. 남경을 버리고 작전상 후퇴하자고 하고, 어떤 이들은 태평을 선제공격하여 예봉을 꺾자고 했다. 오자서를 비롯한 모든 병법가들은 공통적으로 "삼군의 적은 결단을 못하는 것"이라고 말한다. 이렇게 위기의 순간 시간을 끌며 결단을 내리지 못하면 자칫 군은 와해된다.

주원장, 이 의뭉스러운 사나이도 고민이 많았다. 그들의 대화를 들어보자.

"태평을 먼저 수복하고 적을 견제하시지요."

"안 된다. 적은 상류를 차지하고 있고, 수군은 우리의 열 배나 되니 쉽사리 되찾을 수 없다."

"소장이 육군을 이끌고 나가 맞아 싸우겠습니다."

"안 된다. 저들은 작은 부대로 우리를 묶어 놓고, 본대로 바로 금릉(남경)을 들이칠 요량이다. 물살을 따라 내려오면 겨우 반날이면 여기까지 도달하니, 우리 보병과 기마병이 급히 돌아와도 따라잡을 수가 없다. 100리를 급히 달려가서 싸우는 것은 병법에서 꺼리는 것이니 좋은 계략이 아니다."

이와 더불어 진우량과 전력으로 상대하고 있을 때 장사성이 후방을 공격하는 것 또한 커다란 문제였다. 어떤 이들은 양쪽을 다 막아야 한다고 주장했지만 이는 말처럼 쉬운 일이 아니었다.

주원장 이 사나이에게는 무슨 꿍꿍이가 있었을까? 사실 그는 이미 모사 유기劉基와 상의를 마친 터였다. 유기가 낸 책략은 아군의 전력을 동서로 분리시키지 않는 것이었다. "의심이 많은 장사성은 무섭지 않다. 그는 양자의 승패가 분명해지기 전에 결코 먼저 움직이지 않을 것이다. 두려운 것은 진우량이니 우선 진우량을 치는 데 집중해야 한다." 힘이 상대를 압도하지 않는 상황에서 쓰는 전법인 유격전에서 잊지 말아야 할 것은 자신의 병력을 분산시키지 않고 상대의 병력을 분산시키는 것이다.

그러나 어떻게 양면협공을 막을 것인가? 진우량도 바보가 아닌 이상 장사성의 움직임을 보고 출병 날짜를 잡을 것이 분명했다. 오자서는 "적을 사지로 이끌기 위해 이익으로 유인해야 한다"고 말한다. 주원장은 적극적인 유인책으로 그 둘이 힘을 합치는 것을 방해하기로 결정했다. 한쪽을 유인하여 먼저 치자는 것이다.

그는 진우량에게 거짓 정보를 흘려 유인하는 작전을 쓰기로 했다. 거짓 배신자를 보내서 "내부에서 호응할 테니 빨리 공격하라"고 알릴 심산이었다. 그런데 신중한 전략가 이선장李善長이 반대했다. "성과가 의심스럽기도 하고, 준비도 부족한데 적의 대군을 빨리 불러들일 필요가 있겠습니까."

《명사》〈태조본기〉에 나오는 주원장의 대답은 바로《오자서병법》의 본사본이다.

> 두 도적이 합치면, 우리는 머리와 꼬리에서 동시에 적을 맞아야 하오. 오직 진우량을 도발해서 빨리 오게 만들어서 격파해야 하오. 그러면 장사성은 담이 떨어질 것이오.

오자서는 강한 적은 끌어들인다고 하고, 적의 병력이 서로 협력하지 못하도록 나누어서 친다고 한다. 주원장은 지금《오자서병법》을 매우 적극적으로 활용하고 있다. 싸움은 한순간에 승부가 이루어지기 때문에, 자기에게 유리한 순간을 포착하는 것이 관건이다.

주원장은 진우량의 오랜 친구 강무재康茂才를 보내 거짓 정보를 흘렸다. 강무재는 이미 주원장에게 심복하는 사람이었다. 내용은 이러했다. "남경으로 진격하기만 하면 성으로 들어가는 강동교를 지키고 있는 제가 바로 내응하겠습니다. 강동교에 도착해서 '강형〔老康〕'이라고 부르면 제가 호응하겠습니다. 강동교는 나무라서 바로 철거할 수 있습니다."

황제를 칭하며 교만해진 진우량은 이 말을 들은 후 뛸 듯이 기뻐했다. 그에게는 이미 승리가 눈앞에 보였다. 그러니 첩자의 말 한마디에 삼군을 움직이는 경솔한 행동을 저지른 것이다. 하지만 상대는 권모술수의 달인 주원장이 아닌가?

주원장의 작전은 손자가 말한 '무형無形'을 연상시킬 정도로 변화가 많다. 우선 부장 호대해胡大海를 강서 신주信州로 보내 진우량군의 후방을 위협했다. 그러고는 밤낮으로 나무로 된 강동교를 철거하고 돌다리로 바꾸었다. 진우량의 대군을 다리까지 유인한 후 반격에 나설 준비를 했다. 그리고 전군에 명령을 내렸다.

"비가 오면 밥을 먹고, 비를 틈타서 공격한다."

주원장 진영에는 일기를 관측하는 데 비상한 재능을 가진 유기가 있었다. 오자서도 "장거리를 이동하는 적이 비에 맞을 때"가 바로 공격의 적기라고 했다.

　진우량은 기세등등하게 물살을 따라 내려왔다. 별 저항도 없었다. 마침내 강동교에 도착해보니 뜻밖에도 나무다리는 석교로 바뀌어 있었다. 그는 주원장에게 속았다. "강형"을 외쳤지만 대답이 없었다. 설상가상으로 큰 비가 내렸다. 배에 타고 있는 진우량 군졸들은 비에 젖고 갑판이 미끄러워 움직이기도 어렵고 시야가 좋지 않아 물러나기도 힘들었다. 이때 주원장의 군대는 편안히 식사를 하고 있다가 비가 그치자 수륙 양면에서 진우량의 군대를 불시에 공격했다.

　갑작스런 공격에 진우량은 속절없이 달아날 수밖에 없었다. 좁은 물길을 따라 강동교까지 길게 종대로 늘어선 함대를 돌리는 것도 보통 일이 아니었다. 좁은 물길에 적을 가두고 수륙 양면에서 공격을 하니, 진우량의 거선은 달아나기도 힘들었다. 이것이 바로 오자서가 말한, 적의 중군을 우리의 우군이 대적한다는 의미다. 느리고 덩치가 큰 배는 큰 강에서는 유용했지만, 좁은 곳에서는 속수무책이었다. 또한 주원장의 군대가 땅 위에서 편안하게 고정된 목표물을 향해 활을 쏘니 진우량은 상대가 되지 않았다.

　오자서는 진을 치고 행군을 하는 원칙으로 승세乘勢, 대무大武, 증고增固, 순행順行을 들었다. 이것은 모두 아군을 절대적으로 안정된 곳에 둔다는 뜻이고, 아군의 허리를 적에게 노출시키지 않는다는 뜻이다. 그런데 지금 진우량은 아군을 사지에 몰아넣고 이른바 '끝장날 대형(絶紀)'으로 적과 싸우고 있는 것이다.

　진우량으로서는 처음에는 바위로 계란을 치는 것처럼 기세등등하게 남경을 향해 내려왔지만, 결국 제 꾀에 속아넘어가 처참한 패배를 당했다. 게다가 주원장은 달아나는 적을 따라잡을 때 매서웠다. 그는 승리의 순간을 최대한 이용할 줄 알았다. 그는 태평을 수복했을 뿐 아니라 안경까지 일거에 되찾았다. 반면 진우량은 군의 주력을 잃었을 뿐만 아니라 2만 명의 장정이 포로로 잡히는 손실을 입었다.

주원장의 예상대로 관망하던 장사성은 과연 우물쭈물하다 시기를 놓치고 군대를 움직이지 못했다. 만약 주원장과 진우량이 백중세를 이루고 있었다면 장사성은 군대를 내어 주원장의 후방을 노렸을 것이다. 장사성으로서는 주원장과 진우량의 싸움이 이렇게 빨리 끝날 줄 상상하지 못했던 것이다.

단결되지 않은 적은 무섭지 않다

강동교에서 패했다고 물러날 진우량이 아니다. 아직도 그는 장강의 상류를 차지하고 있고, 주원장보다 더 많은 군대를 거느리고 있었다. 3년 후 진우량이 다시 60만 대군을 이끌고 대규모 공세를 시작하자 주원장은 다시 열세에 처했다. 그때 진우량을 방문한 사자가 돌아와 이렇게 보고했다.

"진우량이 스스로 서수휘를 죽여 사람들 모두 딴 마음을 품고 있고, 또한 정령이 한곳에서 나오지 않아 권력을 휘두르는 이들이 많습니다. 또 조진승趙晉勝 같은 용맹한 장수들은 시기하여 죽여버렸으니 저들은 수는 많지만 쓸모가 없습니다."

진우량의 신의 없음이 적 진영의 단결을 해치고 있었다. 오자서는 누누이 말한다. "신의 없는 자, 의롭지 못한 자는 군대를 이끌 수 없다." 진우량은 큰 무리를 이끌고 있지만 정작 자신은 "배반을 잘하는 자"이자 "곁에 친애하는 이가 없는 자"였다.

안경이 다시 함락되고 태평이 침공당하고 있을 때 주원장은 이렇게 선포했다.

"진우량이 서수휘를 죽이고 대한을 참칭한 것은 천리와 인정이 모두 용납하지 못할 짓이다. 기어이 자기의 깜냥을 헤아리지 못하고 우리 태평을 침공하고 도읍을 공격하니, 이는 패망을 자초한 것이다. 그대들은 사졸을 독려하여 나를 따르라."

선봉장 서달이 맞장구를 쳤다.

"군대는 곧은 일을 할 때 굳셉니다. 지금 우리는 곧고 저들은 굽었는데, 저들의 수가 많으나 어떻게 이길 수 없겠습니까?"

모사 유기는 또 이렇게 보탰다.

"어제 천문을 보니 금성이 앞에 있고 화성이 뒤에 있으니, 이는 우리 군사가 이길 조짐입니다. 주군께서는 하늘의 뜻을 따르고 사람들의 마음에 응하시어 어서 백성을 구하고 적을 응징하소서."

아군을 죽이고 싸울 수 있겠는가? 명분을 잃고 사람을 모을 수 있겠는가? 위가 아래를 치면서 희생을 강요할 수 있겠는가? 《오자서병법》은 이를 모두 꺼리고 있다.

잠깐 진우량이 한 행동을 살펴보자. 진우량 수하에는 쌍도조雙刀趙라는 별명으로 유명한 맹장 조진승이 있었는데, 당시 그는 주원장의 오

吳군(당시 주원장은 오왕이었다)을 여러 차례 물리친 적이 있는 가시 같은 존재였다. 그런데 진우량이 알아서 그를 죽여주니 주원장으로서는 고마울 따름이었다. 조진승이 죽자 그의 부하들은 모두 진우량에게 등을 돌렸다.

이렇게 적이 분열하니 이번에는 주원장이 정면 대결 카드를 들고 장강으로 나왔다. 이번 역공에서 주원장은 스스로 중군을 이끌고 서정을 감행했는데 안경은 물론 일거에 호북 동쪽까지 들이쳤다. 내부가 어수선한 진우량의 군대는 주원장의 공세를 막아내기 힘들었다. 이렇게 파양호 일대를 안마당으로 두었으니 이제 두 진영의 전세는 백중세로 전환되었다.

구원의 기대감이 없는 상대를 친다

그러면 주원장이 대망을 실현하는 데 가장 결정적인 역할을 한 파양호의 싸움으로 들어가보자.

주원장과 진우량이 피말리는 강남 쟁탈전을 벌이던 그때는 홍건적이 바로 우리 고려를 침입하던 시기다. 그 '홍건적'이란 주원장이 출세의 기반으로 삼은 농민반란군 홍군紅軍이다. 당시 주원장은 장강 동부 최대의 군벌로서 진우량과 대치하고 있었지만, 북방에서는 여전히 홍건군 수령 소명왕小明王 한림아韓林兒가 구심점이었다. 홍건군이 원나라 정부군에게 밀리다 안풍安豊에 고립되자 소명왕은 주원장에게 구원을 요청했다. 그러나 모사 유기는 극구 반대했다.

"지금 한(진우량)과 우리 오가 서로 틈을 보고 있는 차인데 군대를 움직일 수 없습니다."

그러나 주원장의 생각을 달랐다.

"안풍이 떨어지면 남경이 위험하다."

과연 주원장이 안풍을 구원하러 떠나자 진우량이 이 틈을 놓칠 리가 없었다. 그는 즉시 남창南昌(당시 지명 홍도洪都)을 공략했다. 남창은 파양호로 들어가는 최대 수계인 공강贛江가에 있는 강서성 최대의 도시다. 주원장 측에서 적의 대문 앞에 심어놓은 전진기지였다.

진우량의 군대는 공강을 따라 올라와 상륙작전을 벌였다. 재빨리 남창을 공략하고 여세를 몰아 남경으로 진격할 생각이었다. 그러나 싸움은 예상대로 진행되지 않았다. 주원장은 이런 상황을 예상하고 종제 주문정朱文正에게 곧 원군을 보낼 터이니 그때까지 어떻게든 버티라고 다짐해놓은 바가 있었다. 오자서는 "원군이 온다는 기대가 없는 적"을 쳐야 적이 와해된다고 말했다. 그러나 남창을 수비하고 있던 주문정은 원군을 확신하고 악착같이 성을 방어했다. 육지에 지원할 거점 없이 물에서 올라가는 진우량 부대는 성을 빨리 떨어뜨리기 위해 조바심을 냈지만, 결국 주원장의 20만 명 구원군이 남경을 떠날 때까지 목적을 달성하지 못했다.

오자서는 이렇게 말했다. "구원군이 올 가망이 없는 군대를 친다." 비록 방어군의 수는 작았지만 그들은 두꺼운 성벽과 구원군을 믿고 있었다. 《울료자》는 "구원군이 온다고 믿는다면 어리석은 사내나 아녀자라도 목숨으로 성을 지켜낸다"고 했다. 진우량은 그런 상대를 치고 있었다.

　과장이 있겠지만 이 싸움에 진우량은 무려 60만 대군을 동원했다고 한다. 그러나 무려 3개월을 소비하고도 성을 떨어뜨리지 못했고, 그 사이 주원장은 반격의 시간을 벌 수 있었다.

　올바른 지휘관이라면 바로 파양호를 탈출했을 것이다. 진우량은 용맹했지만 종종 시기를 놓쳤다. 주원장의 원군이 파양호의 입구에 이를 때까지 남창 공격에 열을 올렸던 것이다. 결국 주원장이 파양호 입구에 도착하자 진우량의 군대는 완전히 독 안에 갇힌 신세로 전락했다. 남창을 함락시키지 못한다면 다시 장강으로 나가는 길 밖에 없었다.

　파양호에서 장강으로 들어가는 길은 단 하나뿐이었다. 파양호는 그야말로 커다란 물병이었다. 이미 주원장의 원군이 파양호로 들어와 진우량의 군대가 빠져나갈 수 있는 좁은 입구를 닫아걸었다. 오자서는 말했다. "우리의 우군으로 적의 중군을 붙잡아둔다." 지금 진우량은 상대의 우군은커녕 좌군에다 중군을 묶어두고 있었다. 그것도 그토록 오랜 시간 동안. 완전한 미스매치였다.

　그러나 아직 승패를 장담할 수는 없었다. 주문정의 부대는 성을 지키다 힘이 빠진 군대요, 주원장의 원군은 물을 거슬러 온 군대다. 또 진우량의 수군은 배가 더 크고 수도 많았다. 이름하여 60만 명이었다. 당시 주원장의 수군은 20만 명이었다. 양측이 명운을 건 최후의 싸움을 벌이고 있다는 것은 명백했다.

　싸움은 일대 혼전이었다. 오직 사기가 더 강한 쪽, 더 잘 먹는 쪽이 승리하는 지구전이었다. 그러나 진우량의 군대는 원정의 제1원칙인 군량을 조달하지 못했다. 파양호의 입구는 막혀 있고, 또 호수 서쪽에는 아직 떨어뜨리지 못한 남창이 있었다.

적벽대전에서처럼 당시 주원장이 채택한 무기는 불이었다. 처음에는 작은 배로 진우량의 큰 배를 상대하기가 벅찼다. 그러나 주원장이 화공을 개시하자 진우량의 큰 배는 약점을 노출하기 시작했다. 화약과 갈대를 가득 실은 작은 전함들이 빠른 속도로 전진해서 들이치니 큰 배들은 불이 붙어 어쩌지 못하고 침몰했다. 이어 주원장의 빠르고 작은 배들이 화포를 싣고 진우량의 큰 전선을 에워싸고 공격하자 진우량의 전선들도 서서히 밀리기 시작했다.

싸움은 계속되고 결국 진우량의 군량은 바닥을 드러내기 시작했다. 반면 남창과 장강에서는 끊임없이 군량미를 실은 배들이 주원장 진영으로 들어갔다. 전쟁은 이렇게 기울었다. 그때 주원장은 진우량에게 항복을 권유하는 문서를 보냈다.

"싸움은 항상 그대가 먼저 걸었다. 수없이 패하면서도 계속 도발하니 이번 패배는 당연한 것이다. 항복하여 거짓 황제 이름을 내려놓지 않으면 일족을 멸하겠다."

그러나 진우량은 항복을 거절했다. 그러다 끝내 군량이 바닥나니 진우량 진영 장수들의 의견이 갈렸다. 우군 대장은 "호수 입구가 막혔으니 배를 불태우고 상륙해서 호남으로 들어가자"고 하고, 좌군 대장은 전쟁에서 "약점을 보이고 달아나봤자 추격당해 궤멸할 것이니, 빨리 끝내서 적의 양식을 먹자"고 했다. 의심이 일어나면 군대는 흩어진다. 대세가 상류으로 기울자 좌군 대장은 패배를 예상하고 투항하고 말았다. 좌군이 투항하자 이어 우군도 투항했다. 그리고 진우량은 배로 달아나다 화살에 맞음으로써 파양호에서의 36일간의 대회전은 끝이 났다. 무수한 장정들이 불에 타고 물에 빠져 죽은 대참살극이었다.

패배를 만회하기 위한 싸움은 모든 것을 잃게 한다

이 끔찍한 싸움이 끝나고 장수들이 물었다.

"자고로 수전이란 반드시 천시와 지리를 얻어야 승리한다고 합니다. 주유가 조조를 격파할 때도 풍수의 변화로 말미암아 승리할 수 있었습니다. 진우량의 군대는 파양호에 자리를 잡아 먼저 상류를 점했으니 지리를 얻은 것이며, 저들은 편안히 기다리며 멀리 노저어간 우리를 기다리는 형국이었는데, 오늘 우리가 이겼으니 진실로 그 까닭을 알 수 없습니다."

그러자 주원장이 대답했다.

"그대들은 이른바 '천시는 지리만 못하고, 지리는 인화만 못하다'는 고인의 말씀을 듣지 못했는가? 진우량의 병력이 비록 많았으나 각각 마음이 달랐고 상하가 서로 여우처럼 의심했다. 더구나 해를 이어 군사를 내면서 번번이 패하여 공을 이루지 못하니 위세를 키우고 시기를 기다릴 여유가 없게 되었다. 오늘 동쪽에서 지치고 내일 또 서쪽으로 치달으니 뭇 사람들의 마음을 잃은 것이다.

무릇 군대는 때를 얻어서 움직이는 것을 중시하고, 움직이면 반드시 위세를 떨치며, 위세를 떨치면 이기는 것이다. 나는 적시에 움직이고, 군사들의 위세는 하늘을 찌르고, 장수들과 군졸들의 마음은 하나가 되어, 사람마다 용기백배하나 마치 맹금이 내리치니 새 둥지와 알이 한꺼번에 엎어지는 격이었다. 그러니 내가 이길 수 있었다."

오자서는 이렇게 말했다.

"덕이 없으면서 스스로 군주가 되고 왕이 된 자는 친다."

진우량이 덕이 없음은 그의 잦은 배신으로 명백해졌다. 또한 그는 금으로 된 침상을 가질 정도로 사치했다고 한다. 전란에 지친 백성들을 두고 할 짓은 아니었다. 오자서는 이렇게 말했다. "공실의 건축에 법도가 없고, 커다란 대사臺榭 따위를 지어 민력을 낭비하는 자를 친다."

이 외에도 진우량은 오자서가 쳐도 된다고 말한 조건을 거의 다 만족시켰다. 그중에서 가장 큰 실책은 싸움을 자주 걸었다는 점이다. 오자서는 이렇게 말했다.

"뭇 신하들이 만류하는데도 사흘이 멀다 하고 명분 없이 병사를 쓰는 자를 친다." "땅은 크나 수비가 없고 성은 많으나 민심을 모으지 못한 나라를 친다."

주원장이 말한 것은 바로 이것이다. 싸움은 국가의 존망을 걸고 하는 것인데, 진우량은 패배를 만회하기 위해 계속 싸움을 선택했고, 더 큰 패배를 불렀다. 도박에서 잃은 것을 도박으로 되찾고자 한 것이다. 그래서 병법에 "삼군을 함부로 자주 움직이지 않는다"고 썼다. 또한 오자서는 "적의 마음이 조급할 때 친다"고 했다.

남창성의 싸움은 "적의 주력을 우리의 우군으로 맞은" 형세가 되었다. 삼군으로 적의 성 하나를 치려 한 것은 격에 맞지 않았다. 전략적 관점에서, 주원장이 남경을 비운 상태라면 응당 남경을 쳐야 했다. 남경을 떨어뜨리면 남창은 자연스럽게 고립될 것이고, 그러면 파양호를 막고 육지에서 포위해서 서서히 고사시킬 수 있었다. 그런데도 군량을 헤아리지 않고 파양호 안에 스스로 갇혔으니 승리는 요원한 것이 되었다.

결국 파양호 대전은 주원장이 잘한 것이 아니라 진우량이 못한 것이라고 봐야 할 것이다. 사실 진우량이 바로 남경을 들이쳤으면 어쩔 뻔했는가? 주원장 스스로 이렇게 고백했다.

> 사실 나는 안풍에 가지 말았어야 했다. 진우량이 내가 빈틈을 타서 바로 응천(남경)을 쳤더라면 대사는 물 건너갔을 것이다.
> － 《태조본기》

연이어 장사성과의 싸움에서 주원장은 상당한 어려움을 겪었다. 지키는 방면에서는 장사성도 만만치 않았다. 그러나 그는 전략의 대체를 몰랐다고 할 수 있다. 파양호에서 주원장과 진우량이 목숨을 걸고 싸울 때도 움직이지 않은 것이 가장 큰 실책이었다. 그때 무주공산인 남경으로 들이쳤다면 그는 힘들이지 않고 장강 하류 전체를 장악했을 것이다.

장사성은 의심이 지나치게 많고 긴 안목이 없었다. 오자서는 "적의 사령관이 의심에 빠져 있을 때 칠 수 있다"고 했고, "사령관은 질질 끌며 시기를 놓쳐서는 안 된다"고 했다. 반면 주원장은 상대의 힘이 한 곳에 모이지 못하도록, 시간과 공간을 적절히 배합했다. 또한 싸움을 할 때 대의명분을 이용할 줄도 알았다.

올바른 다스림을 위한 승리만 인정받을 수 있다

그럼에도 나는 주원장이 《오자서병법》의 고수는 아니고, 중수 정도라고 본다. 왜 그런가? 병법을 익히는 목적은 승리를 위한 것이다. 그러나 승리는 그 자체로 의미가 있는 것이 아니라 올바른 다스림을 위한 것이다. 결국 전쟁은 정치의 극히 일부분이다. 오자서는 합려에게 이렇게 말했다.

> 백성을 다스리는 도리는 그들을 먹이는 것이 근본이며 형벌은 말단이니, 덕정(德政)이 최고입니다. 백성을 부리는 방도로는 그들을 편안하게 하면 창성할 것이요, 위태롭게 하면 망할 것입니다.

주원장은 한고조 유방이나 당태종 이세민과 같은 부류의 사람이 아니었다. 싸움이 끝나지 않았을 때는 이선장이나 유기의 의견에 따라 "살인을 하지 않는 것", "덕으로 포용하는 것", "신의를 지키는 것"을 원칙으로 세워 승리할 수 있었다. 그러나 막상 싸움이 끝나자 본색을 드러냈다. 그는 덕정과는 완전히 거리가 먼 사람일 뿐 아니라 정당한 형정刑政을 펼칠 사람도 아니었다. 그는 자신과 고락을 같이 한 공신들은 물론 조금이라도 실력이 남다른 사람이 보이면 제멋대로 죄목을 엮어 모조리 죽여버렸다.

1390년, 대명황제인 그는 이미 10년 전에 자신이 주살한 고인 호유용胡惟庸과 관련된 인사들을 발견했다며 사단을 일으켰다. 어마어마한 수의 사람들이 잡혀 들어왔는데 그중에는 "살인을 하지 말고 인의로 사람을 모으면 천하를 통일할 수 있다"는 강령을 주원장에게 전달한 최고 공신 이선장도 포함되어 있었다. 당시 그는 80세를 바라보는 노구였다. 이 일을 엮어 무려 2만 명이 넘는 사람들을 처형했다. 또 몇 년 후에는 역시 공신 남옥藍玉을 반란죄로 잡아들이더니 관련 없는 사람 1만 5천 명을 엮어 또다시 살육을 자행했다.

그러나 여기서 끝나지 않았다. 그는 하루가 멀다 하고 공신들을 잡아 죽였는데, 결국 공신들이 한 명도 남지 않을 때까지 멈추지 않았다. 공신들이 다 죽자, 다른 대상을 찾았다. 결국 이른바 숨어 있는 모반자들을 독심술로 파악하는 지경까지 이르렀는데, 글에 조금이라도 마음에 안 드는 부분이 있으면 반역을 꾀한다고 잡아 죽였다. 예를 들면 "체건법곤體乾法坤"이라는 문장을 보고는 '법곤(중국어로 파쿤)'이 까까중을 뜻하는 '발곤髮髡'과 음이 똑같다며 자신이 중노릇 한 것을 비웃는 것이라고 트집을 잡아 죽이는 식이었다.

이런 공포정치를 원활하게 수행하기 위해 그는 금의위錦衣衛라는 특무기관을 만들었다. 황제 직할의 감찰기구라고 할 수 있다. 수많은 공신과 무고한 사람들을 죽이는 일을 한 것이 바로 이 금의위다. 출발부터 공포정치를 통해 명나라를 활력 없는 '불신의 제국'으로 만든 사람은 태조 주원장 자신이었다.

 《오자서병법》에 입각해서 다시 평가하자면, 천하를 평정하기까지의 주원장은 《오자서병법》을 따랐다. 그때까지 그는 고수였다. 그러나 막상 천하를 얻자 《오자서병법》의 기본을 무시했다. 덕정 대신 형벌을 앞세우고, 백성들을 편안하게 하는 대신 위협했던 것이다.

제3장

되로 주고 말로 받는다
_상수 유방

싸워서 반드시 이길 수 없다면 싸움을 이야기하지 말고, 공격해서 반드시 (성을) 들어낼 수 없다면 공격을 이야기하지 말라.
- 《울료자》

중국사에서 가장 극적으로 황제가 된 인물이 한 고조 유방이다. 그가 '서초패왕' 항우와 싸워 이긴 초한쟁패의 이야기는 오늘날까지 다양한 변주로 '별 볼 일 없는 사람'들의 성공 스토리에 영감을 불어넣고 있다. 처음 시작했을 때 그는 누가 보더라도 항우와는 비교가 되지 않을 만큼 격차가 컸지만, 그는 발군의 재능을 발휘하여 결국에는 '역발산기개세力拔山氣蓋世'의 항우를 극복하고 한나라를 제국의 반열에 올려놓았다.

오늘날 그의 성공 요인으로 리더십, 용인, 개성 등 여러 요인들이 항우와 비교해서 이야기되지만, 여기서는 《오자서병법》의 측면에서 그의 성공요인과 항우의 실패요인을 분석할 것이다. 결론부터 말하면, 《오자서병법》의 요결을 이해한 유방은 승리했고, 그렇지 못한 항우는 실패했다.

패배할수록 더 강해지는 전략가 유방

기원전 221년, 진秦나라는 드디어 전국을 통일했다. 주나라의 봉건체제가 와해되면서 무려 500년간 지속된 전쟁을 끝내겠다는 대의를 들고 진이 등장했을 때 전국의 인민들은 이제 전쟁이 끝났다고 생각했다. 통일천하에 대한 인민들의 기대는 한껏 고조되었다.

진의 수도에서 방사선으로 뻗어나간 도로, 북방에 쌓은 만리장성, 전국 어디를 가도 똑같은 문자, 똑같은 궤도, 똑같은 도량형의 편리함을 누릴 수 있었다. 진시황秦始皇은 이제 전쟁은 끝났고 진 왕조는 만세까지 이어질 것이라고 호언장담했다. 황제는 강력한 법으로 전쟁과 다툼이 아예 일어나지 못하게 성벽을 무너뜨리고 창칼을 녹여 천하를 편안하게 하겠다고 선포했다.

그런데 정말 편안한 시대가 온 것일까? 오자서는 어떻게 말했는가? "백성을 편안하게 하면 창성할 것이요, 위태롭게 하면 망할 것입니다. 그들에게 이익을 주면 부유해질 것이요 손해를 끼치면 재앙을 당할 것입니다."

오자서는 형벌은 말단이요, 형벌을 앞세워 백성을 불안하게 하는 자는 망할 것이라고 단언한다. 살고자 하는 이를 죽이면 재앙을 당한다. 정말 사무치게 살고자 하는 이는 누구였을까? 바로 형리의 칼날을 기다리는 사람들이었다. 《사기》〈진섭세가〉에 생생한 육성이 들어 있다.

> 이세二世 원년 7월, 마을의 왼쪽에 사는 가난한 사람들 900명을 뽑아 어양漁陽으로 수자리를 보내려고 명령했다. 가는 도중 그들은 대택향大澤鄕에 머무르고 있었다. 진승陳勝과 오광吳廣이 이 행렬에 들어 둔장 자리를 맡고 있었다. 마침 큰 비를 만나 도로가 끊어져서 정해진 기일 내에 도착할 수가 없었다. 진의 법률에 수자리 서는 곳까지 기한 내에 도착하지 않으면 모두 목을 베었다. 그때 진승과 오광이 모의해서 말을 주고 받았다.
> "지금 형리의 칼에 죽어도 죽는 것이오, 거사를 일으키다 잡혀 죽어도 역시 죽는 것이다. 그러니 앉아서 죽음을 기다리느니 나라를 위해 죽는 것도 좋지 않은가?"
> 진승이 말을 이었다.
> "지금 천하가 진의 정치를 고통스러워한 지가 오래되었다〔天下苦秦久矣〕."

당시에는 마을의 왼쪽에 가난한 사람들이 살았다. 남쪽 수향水鄕의 가난한 사람 900명이 차가운 북방으로 수자리를 떠나는데 비는 퍼붓고 길은 막혔다. 기일을 맞추지 못하면 그곳에 도착해도 죽일 것이오, 도망가도 죽일 것이다. 그것이 당시 진나라의 법이었다. 당시 민중의 입장에서 진나라의 정치는 그저 사람 잡는 칼춤일 뿐이었다. 이렇게 궁지에 몰린 진승과 오광은 인솔자를 베고 사지로 가는 사람들을 선동했다.

"갑자기 큰비를 맞아 그대들은 모두 기한을 어겼소. 기한을 어기면 목이 잘릴 것이나, 애초에 수자리 살다가 죽는 사람들도 열에 예닐곱이었소. 장사壯士는 죽지 않는 법이고, 기어이 죽을 양이면 이름이라도 날리는 법이오. 왕후장상이 어찌 씨가 따로 있단 말이오?"

오자서는 이렇게 말했다.

> 무릇 용병을 도모할 때는 반드시 천시를 얻어야 왕자王者의 이름을 이룰 수 있으며, 요사스런 재앙이 닥치지 않고, 봉황이 땅으로 내려오고 질병과 재난이 사라질 것이며, 만이蠻夷가 와서 빈복賓服하고 나라 안에는 도적이 사라지며, 현명하고 정성스러운 이들이 일어나고 폭란暴亂한 이들이 모두 복종할 것이니, 이를 천시를 따른다고 하는 것입니다.

비가 오는 계절에 수백 명을 수자리로 보내는 것은 사람을 사지로 몰아넣는 짓이다. 그나마 수자리 생활도 사람 반수를 죽이는 고역이다. 사람들을 부릴 때, 천시를 어기지 않으면 비록 언어가 다른 만이라도 와서 복속하지만 천시를 어기면 자기 백성들이 반란을 일으킨다. 천시를 어긴 자를 어떻게 할 것인가? 오자서는 말한다. "쳐서 무너뜨려야 한다." 36개의 행정단위로 나뉜 진은 그 자체로 하나의 성채였다. 그러나 평소에 칼 한 번 잡아보지 못한 가난뱅이들은 진승의 말에 열광하여 감히 도전장을 내밀었다. 진승은 머슴살이를 했던 미천한 사람이다. 그러나 좌중은 이구동성으로 대답했다.

"삼가 명을 받들겠습니다!"

이리하여 반진反秦의 불길이 전국을 휩쓸게 된다. 진 왕조는 천시를 잃었다. 겨울 벌판에 불씨가 떨어지자 불길은 광야를 태우기 시작한다. 적은 강하다. 그러나 적은 악하다. 약자가 일어설 때는 반드시 "적은 악하다"는 것을 천하에 알려야 한다. 적이 그르고 내가 옳다고 생각하는 군대는 일당백으로 바뀐다. 오자서는 말한다.

> 형벌이 엄하고 백성을 부림이 가혹한 자를 칩니다. 명령은 굼뜨면서 징집은 급하게 하고, 가혹하게 부려서 이기는 것을 추구하는 자를 칩니다.

꼭 진승이 일어나던 당시의 진나라를 묘사한 것 같다. 가혹하고, 징집이 급하며, 그저 내부 사람들을 혹독하게 부려서 외부의 적(북방의 흉노)을 이기려는 나라다.

적이 지독하게 불의하다면 비록 강하더라도 칠 수 있다. 진승은 들판에 불을 붙였지만, 정작 대오를 갖추고 불에 탈 들판을 차지한 이들은 후발주자들이었다. 그중에는 힘으로는 산을 뽑고 기세는 천하를 덮는 영웅 항우와 패배할수록 오히려 강해지는 오뚝이 같은 전략가 유방이 있었다. 특히 유방은 오자서의 병법을 제대로 익힌 사람이다.

비천한 출생이 성공과 출세를 결정할 수는 없다

여기서 간단히 주인공과 그 맞수를 소개하는 것이 좋겠다. 주인공 유방은 서주徐州 패현沛縣에서 건달 노릇을 하던 사람으로, 붙임성이 있고 활달하여 운좋게 정장亭長이라는 관직을 얻어서 출세한 사람이다. 출세라야 보잘것없었다. 정장이란 길을 관리하는 역관에 불과했고 그에게 딸린 부하는 고작 서너 명 정도로 추측된다. 한마디로 별 볼 일 없는 출신에 별 볼 일 없는 지위를 가진 자였다.

반면 맞수 항우는 이른바 '뼈대 있는' 집안 출신이었다. 전국시대 말기의 싸움은 강한 진에 대항하기 위해 초가 중심이 되어 합종合縱 방어선을 구축하자, 진이 원교근공遠交近攻 책으로 제齊와 연합하여 나머지 나라들을 하나하나 격파하는 형국이었다. 알다시피 진의 강공 앞에 열국은 모두 무너졌는데, 전국 말기 진의 명장 왕전王翦과 싸우다 죽은 초나라 항연項燕이 바로 항우의 할아버지로, 항씨는 하상下相(오늘날 소주 일대)에 봉지를 가지고 있는 대명문가였다. 초나라가 망했다고 한들 그 위세가 지방에 남아 있었음은 물론이니, 그의 숙부 항량은 사람을 죽이고도 옥살이를 하지 않았을 뿐만 아니라 이웃 고을로 달아나서도 빈객들을 끌어 모으며 지방의 실력자 행세를 했다. 이렇게 유방과 항우는 출신도 달랐고 위세도 달랐다.

진승이 기의를 일으키고 천하가 군웅쟁패의 미궁으로 빠져들 때 유방과 항우도 따라서 기치를 올렸다. 우선 항우는 초나라 명문 출신이었기에 "진나라의 학정을 끝내고 초나라를 부활시킨다"는 대의를 내걸었다. 그리고 끊어진 초나라 왕족의 후예를 겨우겨우 찾아서 회왕懷王이라 하고 구심점으로 삼았다. 유방 역시 "진의 학정을 끝낸다"는 것을 명분으로 사람을 모았는데, 겨우 100명에서 시작한 인원은 기하급수적으로 늘어나 수천을 헤아렸다. 그는 사람을 모으는 데 특출한 재능이 있었다. 솔직하고 소탈하기에 왠지 만만해보이기도 하고, 어떤 사람인지 다가가보고 싶은 욕구를 불러일으키는 매력이 있었다. 유방은 민중을 이끌고 패현의 성으로 돌격하여 성 아래서 대의를 적은 서신을 성 안으로 쏘아 보냈다.

"진의 학정을 끝내자. 진의 앞잡이 현령을 죽이고 내응하는 이들은 안전할 것이나, 저항한다면 죽일 것이다."

불과 몇 해 전이라면 상상도 못했겠지만, 당시 진의 체제는 급속히 와해되는 중이었다. 결국 이런 회유공세가 통해 성 안의 부로들이 합심하여 유방을 받아들여 그가 패공沛公이 된 것이다. 이제 옛 초나라 땅 동쪽의 총아 두 명이 서쪽 진의 본거지를 향해 진격해나갔다.

항우는 애초에 강동의 젊은이 8,000명의 기반이 있는데다 힘과 기개가 좌중을 압도하는 호걸인지라 파죽지세로 진나라의 보루들을 끊어나갔다. 게다가 모사 범증范增의 권고를 받아들여 회왕을 세운 것이 주효하여 옛 초나라 땅의 맹장들이 속속들이 그의 휘하로 들어왔다. 그때 처음 난을 일으킨 진승은 이미 패망한 후였다. 당시 범증의 말에 따르면 초나라 사람들은 "초나라에 단 세 가구만 남아도 반드시 진을 멸망시킬 것이다"라고 할 정도로 진에 대한 적개심이 대단했다고 한다. 적개심은 사기의 절반을 차지한다. 강렬한 적개심 없이 약자가 일어날 수는 없다. 비록 무너지고 있었으나 거대한 진에 비하면 항우의 기의군도 역시 약자였다. 약자들은 연합해야 하고, 연합할 때는 구심점이 있어야 했다.

이제 항우와 유방이 포함된 범 초나라 연합군에 연·제·한·위 등 기존 제후국의 후손들이 합세하여 진에 반격을 가하는 정세가 형성되었다. 그 좌장은 물론 항우였고, 백전백승의 기세를 올리는 이 역시 항우였다. 그는 정면으로 진나라 정규군과 상대했는데 연합군 내의 나머지 세력들은 그저 항우가 벌이는 싸움을 거드는 정도였고, 이때까지도 유방은 조연에 불과했다.

그러나 싸움에는 항상 반전이 있는 법이다. 반진 연합군의 명목상 우두머리였던 회왕이 진의 수도 함양咸陽이 있는 관중關中 땅에 먼저 도착하는 이에게 관중왕의 작위를 주겠다고 선포한 것이다. 관중왕이 된다는 것은 사실상 진의 근거지를 차지했다는 것으로서 최고의 상이다. 이 때문에 기의군들 누구도 이 기회를 놓칠 수 없었다. 사실 진나라 정규군과의 싸움에서 승패도 가늠할 수 없는 상황에서 이 포고는 그저 사기를 북돋우기 위한 것이었지만 약속은 약속이었다. 이때부터 항우와 유방의 관중을 선점하기 위한 경쟁이 시작된다. 연전연승으로 기세등등한 항우는 관중으로 들어가는 마지막 관문인 함곡관을 넘어 자신이 관중을 차지하리라 의심하지 않았다.

적의 중심은 피하고, 준비되지 않은 곳을 빠르게 쳐라

오자서는 "적의 중심으로 돌격하지 말고 준비를 갖추고 기다리는 적을 치지 말라"고 했다. 먼 길을 달려 준비된 적을 치는 것은 전술에서 꺼리는 바다. 전선이 넓다면 언제나 준비되지 않은 부분이 있게 마련이다. 준비되지 않은 곳을 빠른 속도로 친다. 이것이 유격전의 핵심이다.

당시의 전황상 진나라 정규군과 기의군의 균형추는 점점 기의군 쪽으로 기울고 있었다. 항우는 중원에서 진군과 대치하며 진의 정규군을 계속 격파하고 진의 대장 장함章邯을 압박했다. 설상가상 진나라 조정은 장함이 적에게 호응할까 의심하고 있었다. 이에 장함은 외부의 적과 내부의 적 양쪽에서 오는 압박을 견디지 못하고 결국 항우에게 투항하고 말았다.

20만 명 대군을 거느린 장함이 투항하자 이제 승세는 항우 쪽으로 기우는 듯했다. 그러나 과유불급이라, 항우군도 약점을 가지고 있었다. 연이은 승리로 자만심이 넘쳐 기율紀律이 부족했던 것이다. 그가 거느리고 있던 연합군은 과거 진나라 군사들에게 학대당한 것을 보복하고자 항복한 20만 명 포로를 마구잡이로 부렸다. 그러자 포로들은 분하기도 하고 걱정도 되었다. 당시 진나라 법률에 따르면 항복한 자들의 식솔들은 모두 죽음을 당했다. 만약 연합군이 함곡관을 돌파해서 진을 끝장낸다면 가족들은 무사할 것이지만, 이기지 못하고 물러난다면 서쪽에 남아 있는 가족들은 모두 처형될 것이었다. 그래서 포로들의 마음은 싱숭생숭했다.

이런 낌새를 알아차린 항우는 특단의 조치를 취했다. 그 조치란 것이 20만 포로를 모두 죽이는 것이었다. 기록에는 그가 이렇게 말했다고 되어 있다.

"저들이 완전히 복종하지 않고 있으니 함곡관에 이르면 이반할 것이다. 그러면 우리가 위험하다. 사전에 다 죽이는 것이 상책이다. 하나 항복한 장함은 살려서 길잡이로 삼자."

이렇게 모의한 후 야음을 틈타 무장해제된 20만 명 진나라 장병들을 학살했다. 하지만 항우의 이런 결정은 결국 부분 전투에 이기기 위해 전쟁 전체를 망치는 악수였다. 오자서는 오직 악한 적이라야 쳐서 이길 수 있다고 했고, 손자는 적을 온전하게 하고 이기는 것이 최상이라 했다. 그런데 항복한 포로들이 악한 자들인가? 항복한 포로를 학살한 항우는 스스로 진의 학정을 끝낸다는 대의를 꺾어버린 것이었다. 대의가 꺾인 군대는 당당하지 않다.

이어서 항우는 대군을 이끌고 진의 마지막 보루 함곡관으로 향했다. 그때 그는 청천벽력 같은 소리를 들었다. "유방이 이미 관중으로 들어갔다!" 그렇다면 유방은 도대체 어떤 경로를 선택했을까?

조직원의 신뢰를 잃은 리더는 패한다

이전 진의 수도 함양이 있는 관중에 먼저 들어가는 자에게 관중왕의 자격을 주겠다는 이야기를 들었을 때, 유방은 군대를 남쪽으로 돌려서 관중으로 들어가는 또 다른 길을 택했다. 바로 함곡관을 포기하고 남하하여 남양南陽에 거점을 마련한 후 단수丹水를 따라 진령秦嶺 골짜기를 통과해서 무관을 넘어 바로 함양으로 들어간다는 작전이었다.

황하의 물길이 뚫어놓은 함곡관은 꼭 병목과 같아서 관을 지키면 넘기도 어려웠지만 관을 넘으면 거칠 곳도 별로 없었다. 그러나 남쪽의 무관 길은 꼬불꼬불한 진령 길을 수레를 밀어가며 넘어야 하는 험로다. 오늘날 이곳을 지나는 길도 옛날 마차 길과 별반 차이가 없는 험지다. 그래서 당시 진의 주력을 이끌던 장함은 함곡관 한참 동쪽에서 항우와 각국 연합군을 상대하고 있었던 것이다.

이런 상황에서 유방은 진의 주력군을 상대하는 대신 상대적으로 방어가 허술한 남양으로 내려와 성을 기습했다. 항우는 주력으로 주력을 치는 고전적인 수법을 쓴 반면, 유방은 준비되지 않은 곳을 치는 전격전의 방법을 쓴 것이다. 마침 남양을 지키던 태수는 장함이 항우에게 항복했다는 소식을 들은 차에 뜻하지 않은 유방의 기습에 절망하여 자살하려고 했다. 남양 태수의 입장에서 보면, 지금 항복하면 진의 법률에 따라 가족들이 모두 죽음을 당할 것이기 때문이었다. 그런데 주위 사람들이 만류하자 유방에게 항복의 사신을 보냈다.

"신이 듣기로 먼저 함양으로 들어가는 이를 왕으로 삼기로 했다지요? 그런데 족하께서는 지금 성을 포위하느라 시간을 보내고 있습니다. 완宛(남양의 주도)은 커다란 군의 도읍이며 이어진 성이 수십 개에 인구도 많고 쌓아놓은 양식도 넘칩니다. 관리들은 항복하면 반드시 죽는다고 생각하고 있기에 모두 이를 악물고 성을 지키고 있습니다.

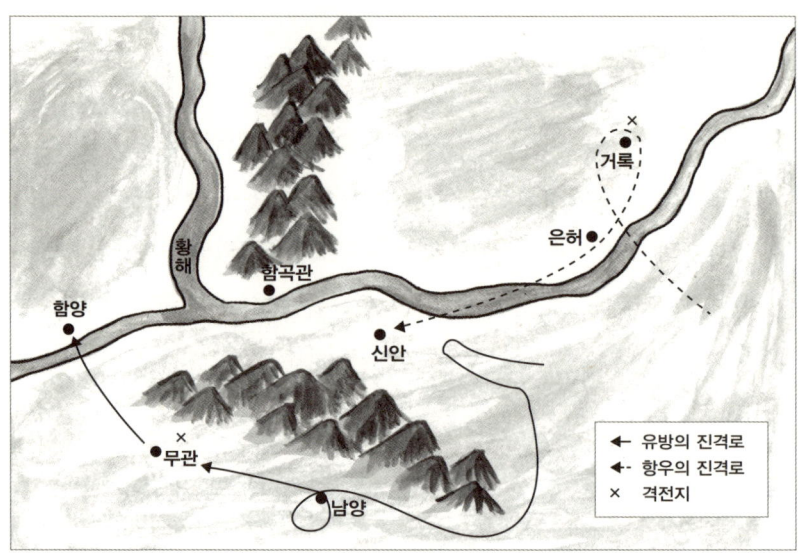

유방의 함양 입성
유방은 항우와 제후연합군이 황하 북쪽에서 진의 주력군과 맞서는 사이, 상대적으로 방어가 허술한 남양을 거쳐 무관을 넘어 함양으로 들어가는 데 성공했다.

 지금 족하께서 성을 공격한다면 사상자가 심히 많을 것입니다. 또 성을 포기하고 서쪽으로 간다면 성의 군대가 반드시 족하의 뒤를 칠 것이니 족하께서는 함양에 빨리 도착하지도 못합니다. 또 우리 완성을 뒤에 화근거리로 남기는 것입니다. 족하께 권합니다. 항복하면 죽이지 않고 그 자리를 보존해주고, 그 병사들을 데리고 서쪽으로 간다면 가는 곳마다 스스로 성문을 열 것이니 족하께서는 길에서 수고를 들일 것이 없을 것입니다."

 유방은 항우와 다른 사람이었다. 《오자서병법》의 핵심은 적의 주력군을 묶어두고 약한 부분을 치는 것이다. 유방은 남양에서 견고한

성을 공격하느라 자기 주력을 묶어둘 바보가 아니었다. 마침 항복의 전갈이 오자 유방은 바로 대답했다. "좋습니다." 그러고는 사자를 성대하게 환영하고 무려 천호를 주었다. 남양 태수의 직위를 보존해주었음은 물론이다. 유방은 줄 때는 확실하게 준다. 오자서 또한 주는 것으로 상대의 전투 의지를 꺾을 수 있다면 당연히 줄 수 있다고 강조했다.

항우가 《오자서병법》의 기본 전제인 "의로운 군대로 악한 군대를 친다"는 원칙을 스스로 깰 때 유방은 자신들이 의로운 군대임을 과시한 것이다. 여기 또 하나 유의할 점이 있다. 진나라 장령들은 유방에게 항복하면 살고 항우에게 항복하면 죽는다고 생각했다는 점이다. 항우는 적을 결사항전의 마음으로 단결시켰지만, 유방은 적을 항전파와 주화파로 분열시켰다. 오자서는 이렇게 말한다. "상대 군졸이 우왕좌왕하고, 장수들이 서로 반목할 때 친다." 이렇게 하자 진나라 장령들은 유방과 싸워야 할지 투항해야 할지 결정을 내리지 못하고 우왕좌왕했다.

이렇게 진나라 수비병들이 제대로 대응하지 못하는 사이, 유방은 각지의 군대들을 모으며, 진나라 창고에 쌓여 있는 양식을 먹으면서 가벼운 행장으로 무관으로 달릴 수 있었다. 기록에는 유방이 무관에서 이렇다 할 싸움을 벌이지 않은 것으로 나온다. 그는 가는 곳마다 상대의 지위를 보존해주고 군대를 자기편으로 끌어들였다. 관을 지키는 주둔병들이 오히려 유방 편으로 돌아선 것이다. 단지 서쪽의 요관嶢關에 도착하여 그런대로 저항다운 저항을 받았다. 그때는 진나라의 간신 조고趙高가 이미 이세 황제를 죽이고 유방과 협상을 시도하던 때였다. 그런 유방에게 그는 이런 서신을 보냈다.

"나 조고와 그대 유방이 관중을 나누어 가집시다."

만일 유방이 이 제의를 받아들였다면 그가 주장해온 대의는 완전히 사라졌을 것이다. 당연히 유방은 이 제의를 거절하고 군대를 진격시켰다. 유방이 정면 돌파하려 하니 모사 장량이 말렸다.

"몇 번 패했다고 하나 저들은 여전히 강력한 상대로 쉽게 볼 수 없습니다. 듣자니, 저들의 장수는 백정의 자식이라고 합니다. 장사치란 돈을 좋아하는 법입니다. 공께서는 잠시 여기에 계시면서 산봉우리마다 허수아비를 세워 병력을 과장하고 보물로 그자를 매수하도록 하시지요."

오자서는 이렇게 말했다. "먼저 대비하고 있는 적을 치지 않는다." 물론 정돈된 진영에 뛰어들지도 않는다. 요관에서 함양까지는 겨우 100킬로미터밖에 되지 않는다. 만약 유방이 요관을 깨뜨리고 쳐들어가면 수비병들은 함양으로 달아날 수밖에 없는데 함양에 가면 도망자를 처리하는 진나라 법에 걸려 모두 죽을 것이다. 그러니 그들은 결사항전할 것이 뻔했다. 또한 그들은 여전히 진나라 정예병이었다.

장량의 계책대로 과연 수비 대장은 유혹에 넘어왔다. 그러면 그들 병사들은 순순하게 항복을 받아들일 것인가? 장량이 보기에 그들 중 일부는 분명히 따르지 않을 것이다. 그러면 포로로 잡은 후 몰래 죽일 것인가? 그것은 항우가 한 짓으로 패망하는 지름길이다. 장량의 작전은 적의 마음을 둘로 나누는 것이었다. 장수는 재물에 넘어갔지만 군사들은 싸울 태세였다.

오자서는 이렇게 말했다. "군사들이 장수의 명령을 따르지 않을 때 친다."

이렇게 요관을 지키던 군사들은 투항하려는 마음을 가진 이와 항전하려는 마음을 가진 이로 나뉘었다. 유방은 재물로 상하의 마음을 갈라놓은 후 정면으로 관을 들이쳤다. 단결되지 않는 군대로 지키는 보루는 쉽게 무너졌다. 사실 항우가 한 행동과 유방이 한 행동은 오십보백보일 수도 있다. 항우는 항복을 받은 후 죽였고, 유방은 뒤로 항복을 권유하고는 정면으로 들이쳤다. 그러나 그 효과는 달랐다. 비록 속임수를 썼지만 전쟁에서 적을 죽인 것과 투항한 적을 아군의 군중에서 죽이는 것은 보통 사람들의 눈에는 판이하게 달랐던 것이다.

지름길을 통해 함양을 점령하기 위해 유방이 동원한 군대가 겨우 2만 명이라고 하니 사실상 진나라 주력은 모두 항우가 붙잡고 있었음을 알 수 있다. 잠재적인 두 적을 한꺼번에 모아놓고 유방은 작으나마 최대한 자신의 자산을 활용했던 것이다.

대중의 지지를 받는 자가 먼저 고지를 점령한다

이어서 유방은 관중 평원의 동남쪽에 위치한 남전藍田으로 들어가서는 다시 유격전의 기본기를 보여준다. 일체의 노략질을 금하고 해방군이라고 선전하니 남전의 백성들이 유방 편으로 돌아선 것이다. 그러자 진나라 군대는 싸우지도 않고 와해되고 말았다. 그때 유방 군대가 쓴 가장 큰 무기는 멀리서 보면 사람으로 보이는 허수아비들이었다.

오자서는 이렇게 말했다.

"적의 단단한 대형에 우리는 텅 빈 진영으로 대한다."

또한 이렇게 말했다.

"몰래 어두운 곳에서 북을 쳐서 상대의 귀를 공격하고, 드러내놓고 진을 쳐서 그들의 눈을 두렵게 하고, 용도와 다른 깃발을 늘려놓아서 실제 진이 아닌 것처럼 기만한다."

그다지 크지도 않은 유방의 군단이었지만 거듭되는 난리의 와중에 심기가 흐트러진 적은 오자서식의 기만술에 당하고 말았다. 드디어 유방이 함양 교외에 도착하니 진왕(그때는 다시 황제에서 왕으로 호칭을 내린 상태였다)이 몸소 나와 항복했다.

큰 탑을 무너뜨릴 때 꼭대기부터 벽돌을 하나씩 들어내면 시간이 많이 걸린다. 반면에 땅을 파고 주춧돌을 들어내면 아무리 큰 탑도 순식간에 와르르 무너진다. 물론 위에서부터 벽돌을 하나하나 부수는 아둔한 사람도 있다.

진나라는 하나의 커다란 벽돌탑이었다. 진나라의 주춧돌을 들어낸 이는 유방이고, 탑을 하나하나 해체한 이는 항우다. 그렇다면 무너진 탑을 새로 탑을 쌓을 때는 어떻게 할 것인가? 새로 벽돌을 구울 것인가, 아니면 있는 벽돌을 그대로 사용할 것인가? 유방은 진나라가 만들어 벽돌을 파괴하는 것보다는 재활용하는 것이 낫다는 것을 인식하고 있었지만 항우는 그렇지 못했다.

난리 상황에서 최상의 전략은 적의 우두머리만 제거하고 그 무리를 거두는 것이다. 그는 약탈을 하지 않음으로써 사람들의 마음을 얻었다. 진왕이 스스로 목에 끈을 맨 채 항복의 장소에 등장하자 진중의 장수들 중 어떤 이가 죽이자고 했다. 그러나 유방이 어떤 사람인가. 그는 다음과 같이 말했다.

"처음에 회왕께서 나를 보낸 것은 실로 내가 관용을 베풀 수 있다고 생각했기 때문이오. 또 이미 항복한 사람인데 죽인다는 것은 상서롭지 못하오."

유방이 돌격대를 이끌고 함양에 들어왔지만 진나라 관리들이 모두 복종하는 것은 아니었다. 그런데 이렇게 진왕에게 관용을 베푸니 진나라의 민심은 급격히 유방으로 돌아섰다. 이 기회를 놓치지 않고 유방은 자신이 악을 정벌하러 온 정의의 군대의 수장임을 이렇게 선포했다.

"부로들께서 진의 가혹한 법을 고통스럽게 여긴 지 오래되었습니다. 법을 비방하기만 하면 일족을 죽이고, 만나서 서로 이야기만 해도 저잣거리에서 처형당했지요. 제가 여러 제후들과 약속하기를 먼저 함양에 들어온 이가 왕이 되기로 했으니, 제가 관중의 왕이 되는 것은 당연합니다. 저는 여러 부로들께 약속드립니다. 이제부터 법은 세 조항만 남깁니다. 사람을 죽인 자는 죽이고, 사람을 상하게 하거나 물건을 훔친 경우에만 죄를 묻겠습니다. 그리고 나머지 진나라의 잡법들을 모두 없애겠습니다. 이제 여러 관리들은 옛날처럼 편안히 지낼 수 있을 것입니다. 제가 온 까닭은 여러분들을 위해 해악을 제거하고자 할 따름이지 함부로 여러분을 침해하고자 온 것이 아닙니다. 두려워하지 마십시오."

　이것이 그 유명한 법을 세 조항으로 줄인다는 '약법삼장約法三章'이다. 이 선언 하나로 그는 진나라를 사실상 끝냈다. 그리고 동쪽에서 함곡관을 넘어 들어오려는 경쟁자 항우에게도 심대한 타격을 주었다. 유방은 약속에 따라 관중왕이 되어야 했다. 하지만 관중왕의 지위는 그렇게 쉽사리 얻을 수 있는 것이 아니었다.

　항우는 유방이 먼저 함양을 차지했다는 소식에 분개했다. 그는 자신이 함곡관을 넘어 관중왕의 호칭을 차지하리라 믿어 의심하지 않았다. 그런데 자신이 진나라 주력군을 상대하느라 힘겹게 싸우고 있을 때 몰래 샛길로 들어가 함양을 차지한 촌놈 유방을 관중왕으로 인정할 수 없었다. 물론 약속은 약속이지만, 병력이나 명성이나 실제로 세운 군공이나 어느 것 하나 자신과 비교할 수 없는 유방을 결코 인정할 수 없었던 것이다. 그런데 만약 이 약속을 인정하지 않고 어기는 사람이 있다면 그 사람이 바로 나쁜 자가 된다. 항우가 만약 유방을 인정하지 않으면 그가 나쁜 자가 되는 것이다. 유방은 이렇게 유리한 위치를 선점했다. 대중이 누구는 옳고 누구는 그르다고 인식하게 되면 대개 장기적 판세는 정해진다.

　이 무렵 유방을 맞은 진나라 수도 인근의 백성들은 살길을 만난 것처럼 기뻐했다. 다행히 진나라가 긁어모은 재물과 곡식이 넘쳐서 백성들에게 다시 긁어모을 필요도 없었다. 이제는 진이 항복하여 남의 양식이 자신의 양식이 되었으니, 굳이 적의 양식을 먹는다는 표현을 쓸 필요도 없었다.

그러나 동쪽에서 온 가난뱅이들이 막상 함양의 거대한 부를 목격하자 정신을 차리지 못하는 것도 당연했다. 유방이 진나라 궁전으로 들어가니 금은보화에 미인들까지 그 수를 헤아릴 수도 없이 많았다. 함양은 당시 세계에서 가장 부유한 곳이 아니었던가? 그는 궁에 들어가자 다시 나가고 싶은 마음이 싹 사라졌다. 맹장 번쾌가 궁을 나가 전열을 정비하고 항우를 기다리자고 간곡히 권했으나 유방은 묵살했다.

게다가 군중의 어떤 모사가 유방에게 함곡관을 막고 동쪽에서 들어오는 항우의 연합군을 막아서 관중을 중심으로 천하를 도모하라고 권했다. 유방은 또 옳거니 생각하고 함곡관을 틀어막았다. 그러자 다시 장량이 나섰다.

"저 진秦이 패악한 짓을 했기에 공께서 이곳에 들어왔습니다. 천하를 위해 잔적殘敵을 없애자면 응당 검소해야 합니다. 그러나 이곳에 들어와 저들이 했던 것처럼 즐기려 한다면 이는 포학한 자를 도와 포학한 짓을 하는 것이나 마찬가지입니다."

유방은 재물을 누려본 적이 없는 하층민이라 쉽사리 재물에 빠지기도 했지만, 반성하는 것도 그만큼 빨랐다. 장량이 간곡하게 만류하자 유방도 아차 싶어 다시 궁성에서 물러나 패상에 주둔했다. 물론 함곡관을 지키던 자신의 군대도 뒤로 물렸다. 함곡관을 연 것은 사실은 힘으로 상대할 수가 없었기 때문이었다. 패상으로 군대를 물린 것은 항우가 함양으로 들어와도 좋다는 일종의 항복 선언이었다.

그러나 항우는 기분이 심하게 상해 있었다. "감히 샛길로 관중을 차지하더니 이제 대군이 들어가는 길을 막다니. 그동안 진나라 대군을 하나하나 격파한 사람이 누군데. 허수아비 회왕의 약속 따위가 무슨 소용이란 말인가?" 항우에게 회왕은 그저 얼굴마담에 불과한 허수아비였다. 그러니 유방을 도저히 살려둘 수 없었다. 유방의 입장에서는 항우가 함양을 차지하고도 공격한다면 어쩔 수 없이 싸울 요량이었다. 관중에게 이곳은 들어오는 적을 막기는 쉬워도 일단 들어오면 도무지 달아날 곳이 마땅치 않은 곳이었다. 이렇게 유방의 10만 군대와 항우의 40만 군대가 서로 신경전을 벌이는 형국이 되었다. 드디어 싸움이 벌어질 것인가?

상대의 전의가 강할 때는 성급히 맞서지 않는다

오자서는 이렇게 말했다.

> 적이 나와서 노략질을 하면 우리는 맞서 저지하지 말고, 적이 전의가 불탈 때는 우리는 경계할 뿐 어울려 싸우지 않아야 합니다. 급기야 저들 병사는 충분히 노략질을 하여 돌아가면서도 두려운 마음이 없고, 장수는 경계하는 마음이 없으며, 전위가 이미 진영으로 들어가고 후위가 따라 가려 할 때 우리가 따라붙어 치면 반드시 패주시킬 수 있습니다.

공교롭게도 《오자서병법》의 이 구절을 지켰느냐 안 지켰느냐에 따라 유방과 항우의 운명이 갈리고 말았다.

항우의 기세는 실로 등등했다. 유방은 관중으로 들어올 때 그가 거느린 군대는 고작 수만이었고, 나머지는 항복한 진나라 병사들이다. 언제 마음이 바뀔지 모르는 일이다. 그러나 항우는 자칭 40만 대군을 거느리고 있다. 뜻하지 않은 사태에 어쩔 줄 몰라 유방은 다시 장량을 찾았다.

"장차 어찌하면 좋겠소?"

"공께서는 실로 항우를 배반할 생각이십니까?"

"올챙이 같은 서생 하나가, 나더러 관을 막고 제후들을 들이지 말고 관중 땅에 의지하여 천하의 왕이 되라 하기에 그랬소."

"공께서는 자기 힘으로 항우를 물리칠 수 있습니까?"

"당연히 불가능하지요. 이제 정말 어찌하면 좋소?"

이제는 유방이 확실하게 접어주는 수밖에 없었다. 오자서는 이렇게 말했다. "적이 기뻐하면 슬픈 기색을 내보이고 적이 승리를 자신하면 기꺼이 엎드린다." 지금은 엎드려서 생존을 도모할 때였다.

마침 장량의 옛 동료이자 항우의 계부 항백項伯이 옛 친구 장량을 살려보겠다고 유방 진영으로 가서 장량에게 항복을 권했다. 장량은 자기 한 목숨 살리는 대신 주인과 함께 살아날 길을 찾았다. 그들은 항백을 끈으로 잡고 살 궁리를 했다. 유방은 항백을 만나 제발 살려달라고 사정했다. 항우가 들은 이야기는 모두 풍문이고, 자신은 그저 관중을 관리하고 있었다는 것이다.

"저는 관중으로 들어온 후 보물 따위는 거들떠보지도 않고, 호적을 정리하고 관의 창고를 봉인한 후 항우 장군을 기다리고 있었습니다. 관을 지키게 한 것은 도적이 출몰하거나 예기치 못한 일이 일어날까 두려워서일 뿐입니다. 저는 장군이 오기만을 기다리고 있었는데 어찌 배반을 생각했겠습니까. 저를 위해 장군께 잘 말씀해주십시오."

그러고는 항백과 사돈지간을 약속했다. 항백은 유방의 구구한 변명을 수긍하고, 그렇다면 다음 날 바로 항우의 진영으로 와서 직접 항복하라고 권했다. 이리하여 유방은 항우에게 항복하기 위해 수백기만 거느리고 홍문鴻門으로 향했다. 이제 우리는 반격을 위해 바짝 엎드리는 유방의 면모를 보게 된다. 항우의 면전에서 유방은 읍소했다.

"저는 지금껏 목숨을 걸고 장군과 더불어 진나라를 쳤습니다. 그런데 어쩌다 제가 먼저 관내로 들어가서 진나라를 무너뜨리고 이곳에서 장군을 다시 뵙게 되었습니다. 헌데 어떤 소인배가 저를 참소하여 장군과 사이가 틀어지게 되었습니다."

소인배란 유방의 좌사마로 있으면서 항우에게 유방이 관중을 기반으로 모반하려 한다는 소식을 전한 조무상이란 자였다. 유방이 극도의 저자세로 나오자 항우도 머쓱했다.

"다 그대의 좌사마 조무상이란 자가 그렇다고 하기에 한 것이오. 내가 공연히 그랬겠소."

이리하여 극적인 화해가 이루어졌다. 그러나 항우의 모사 범증은 유방이 장차 항우의 맞수가 될 것임을 알아차리고 이 기회에 유방을 죽이려 했다. 그래서 홍문에서 살벌한 연회가 벌어진다. 술판이 벌어지자 항우 진영에서 항장이 나와 칼춤을 추다가 기회를 보아 유방을 베려 했다. 낌새를 눈치챈 장량의 친구 항백이 나와 같이 칼춤을 추며 유방을 지켰다. 칼이 번쩍번쩍거리는 위급한 상황에서 장량은 연회장을 빠져나가 급히 번쾌樊噲를 불렀다. 번쾌가 들어와 익지도 않은 돼지 다리를 방패 위에다 놓고 썰어먹으며 서서 술을 들이켰다. 항우가 술을 권했다.

"장사께서는 더 마실 수 있겠는가?"

번쾌가 대답한다.

"죽음도 불사하는데 술 한 잔을 사양하겠습니까? 애초에 회왕께서 여러 제후들에게 맹세하기를 '먼저 함양에 들어가는 이를 왕으로 삼는다' 했습니다. 우리 주군은 제일 먼저 함양으로 들어가 진나라를 무너뜨렸으나 추호도 욕심을 부리지 않고 창고를 다 봉하고 장군을 기다렸습니다. 관을 지킨 것은 도적떼가 출몰할까 걱정했기에 그런 것뿐입니다. 그런데도 소인배의 참소를 믿고 공을 세운 사람을 죽이려 하시다니, 이는 망한 진나라의 길을 따르는 일입니다."

항우는 또 머쓱했다. 그때 유방은 소변을 본다 하고 밖으로 나가, 냅다 말을 타고 뒤도 보지 않고 자신의 주둔지로 달렸다. 이렇게 유방이 항우에게 항복함으로써 이 대결은 일단락되었다. 유방은 자기 진영으로 돌아가자 배신자 조무상을 당장 베어버렸다. 그는 항우에게 유방이 관중을 차지하여 천하를 도모하려 한다고 밀고하고도 아직 유방 진영에 있었으니 좀 우둔한 사람이었던 것 같다. 정치가 유방이 상하를 이간시키는 이를 살려둘 리가 없다.

이렇게 오자서가 말한 대로 유방은 상대가 전의에 불탈 때는 맞불을 놓지 않고 바짝 엎드렸다. 그럼 관중을 취한 항우는 어떻게 행동했을까?

배부른 고양이는 쥐를 잡지 못한다

오자서는 적이 노략질을 실컷 하도록 놓아주라고 했다. 항우는《오자서병법》의 기본을 모르는 이다. 관중을 차지한 항우의 행동을《사기》는 이렇게 기록하고 있다.

> 항우는 며칠 후 서쪽으로 가서 함양을 부수고 항복한 진왕을 죽이고 궁전에 불을 지르니, 불길이 석 달 동안 꺼지지 않았다. 그는 함양의 보물과 여자들을 거두어 동쪽으로 돌아갔다.

그토록 공을 들여 관중을 차지하고 그는 왜 동쪽으로 돌아가는 것일까? 쉽게 말하면 배가 불렀던 것이다. 오자서는 말했다. "노략질을 끝내면 돌아가고 싶어지고 경계가 느슨해진다."

이때 측근들이 항우를 말렸다.

"관중은 사방을 산과 강이 둘러싸고 있는 천혜의 요새이며 땅은 비옥하니 도읍으로 삼아야 합니다. 지금 돌아가서는 안 됩니다."

그러나 그는 고향이 그리웠다. 그의 목표는 이런 것이었다.

"부귀한 후에 고향으로 돌아가지 않는 것은 옷에 수를 놓고 밤길을 가는 것과 같은데 누가 알아주겠는가?"

항우의 목표는 고향으로 돌아가 자기의 공을 뽐내는 것이었으니 전장에서 공을 세워 집안에 도움이 되겠다는 보통 병사의 마음과 다르지 않았다. 관중을 차지하자고 권했던 측근은 이렇게 한탄했다고 한다.

"초나라 녀석들이란 원숭이를 씻겨서 관을 씌운 수준이라더니 정말 그렇군!"

항우는 이 소리를 듣고는 이 사람을 삶아 죽여버렸다.

항우가 진나라의 도읍에 들어가 방화를 하고 진나라의 재화를 차지하자 현지인들은 당연히 죽은 자신들의 옛 왕을 그리워하고, 또 약법 삼장을 약속한 유방에게 마음이 기울었다. 외부에서 충격이 오면 모든 집단은 단결하게 된다. 항우는 그들을 더욱 단결하게 하고 적대감을 심어주었다. 오자서의 주장과는 완전히 상반되는 행동이다.

항우는 회왕(당시에는 이미 황제로 격상되어 있었다)을 시켜 여러 나라에서 온 우두머리들에게 왕작을 주라고 하고 전쟁이 끝났음을 선언했다. 그러나 문제는 유방이었다. 그는 고분고분하지 않을 뿐더러 천하를 차지할 야심이 보였다. 모사 범증은 꾀를 냈다. 유방에게는 유명무실한 작위를 주자는 것이었다.

"파촉巴蜀은 가는 길이 험하고, 진에서 이주한 사람들이 모두 그곳에 살고 있습니다. 또한 파촉 역시 관중에 속한 땅입니다."

기가 막힌 편법이었다. 함곡관 서쪽의 진짜 관중은 주지 않고, 편벽한 파촉과 한중을 주고 이름을 한왕漢王으로 하자는 것이었다. 한중도 분지이긴 하나 '관중'에 비하면 지나치게 좁았고, 한중에서 파촉으로 들어가자면 험난한 진령을 넘어야 했기에 한중과 파촉은 다른 땅이나 마찬가지였다. 범증은 여기서 더 나아가서 장함 등 진나라의 항복한 장수들을 관중의 왕들로 삼아서 유방이 다시 관중으로 못 들어오게 막았다. 그리고 나서 항우의 군대는 동쪽 고향으로 향했다.

그러나 항우가 동쪽으로 떠나자마자 동쪽의 군벌들은 본색을 드러냈다. 항우가 지금은 힘을 뽐내고 있지만 안목은 형편없다는 생각이 들었던 것이다. 진나라에 반기를 들었던 연합세력 중 강성한 제_齊와 조_趙가 곧장 항우를 이반했다.

이때 한중왕에 봉해진 유방은 어떻게 하고 있었을까? 오자서는 말하지 않았는가? 적이 약탈물로 자루를 채우고 기강이 해이해진 상태로 돌아가고 있을 때가 반격의 기회라고. 하지만 아직 항우의 칼날은 여전히 날카로웠다. 유방은 먼저 항우를 안심시킬 필요가 있었다.

관중에서 한중으로 들어가는 길은 험한 잔도_{棧道}로 이어져 있다. 한중왕이 되어 한중으로 들어가는 유방에게 장량은 이렇게 권했다.

"지나가면서 잔도를 끊어버리고 다시는 동쪽으로 가지 않을 듯 보여 항왕(항우)를 안심시키는 것이 좋을 듯합니다."

그리고 장량은 항우에게 달려가 유방이 잔도를 끊은 일을 보고했다. 이렇게 유방에 대한 항우의 의심은 거두어졌다. 그러나 서쪽으로 밀려나며 관중으로 나갈 잔도를 끊자 유방의 장수들 중 달아나는 이가 부지기수였다. 유방은 이제 천하를 도모할 수 없다고 생각했던 것이다. 그중에는 한신_{韓信}이라는 사나이도 있었다. 한신은 유방 밑에서 크게 쓰일 것을 기대했으나 자리를 얻지 못한 것에 실망하고 달아났다.

한신이 달아났다는 소식을 듣자 유방의 일급 참모 소하蕭何가 부랴부랴 쫓아와 그를 다시 불러들이고는 한신을 당장 대장으로 임명해야 한다고 주장했다. 유방은 소하의 말이라면 거의 들어주는 편이었고, 난국을 타개할 묘안도 없는지라 한신을 대장군으로 등용하고 대책을 물었다. 한신은 그동안의 상황을 한번에 정리하고 향후 대책까지 내놓았다.

"항왕은 천하의 우두머리가 되어 제후들을 신하로 만들었지만 관중에 자리를 잡지 않고 팽성으로 돌아가 도읍으로 삼았습니다. 또한 의제義帝(회왕)의 약속을 저버리고 자기 마음대로 왕작과 후작을 나누어 준 것도 불평한 일입니다. 항왕은 지나가는 곳마다 부수고 죽이니 천하의 원망이 들끓고 있으며 백성들이 따르지 않고 있습니다. 이름은 비록 패자霸者이나 실제로는 천하의 마음을 잃었습니다.

지금 왕께서 정의의 군대로써 동쪽으로 돌아가고 싶어 하는 병사들을 이끈다면 어떤 적인들 흩어버리지 못하겠습니까? 지금 관중을 차지하고 있는 진나라의 항장들은 모두 20만 명에 달하는 제 부하들을 죽이고 자신들만 살아남은 이들입니다. 그러기에 진나라의 부형들은 이 세 사람에 대한 원한이 골수에 사무칠 지경입니다. 항왕이 힘으로 저들을 관중의 왕으로 삼았지만 백성들 중 마음으로 따르는 이는 하나도 없습니다. 대왕께서 동쪽으로 출정한다면 삼진三秦(즉 관중) 땅은 격문만 돌려도 다 평정될 것입니다."

이렇게 적의 상하의 마음이 서로 다르고, 좌우가 딴 생각을 갖고 있을 때 들이친다. 적의 노략질이 끝나서 돌아갈 마음이 가득 찰 때 질풍같이 따라잡는다. 그리고 명분은 언제나 "정의의 군대로 사악한 자들의 우두머리만 제거한다"를 내세운다. 한신의 전략은 오자서가 말한 바로 그것이었다.

유방은 잔도를 끊으면서 한중으로 들어왔는데 항우가 의심을 거두자 비밀리에 밤낮으로 잔도를 보수했다. 적이 생각할 수 없는 속도로 반격을 가하는 것이 《오자서병법》의 요체다. 항우가 관중을 버리고 동쪽으로 돌아간 때가 4월이었는데, 겨우 넉 달이 지난 8월에 다시 유방이 관중에 나타났다. 유방은 잔도를 따라 신속히 들어오면서 동시에 격문을 띄웠다.

"항우는 항복한 진나라 20만 명 장정들을 몰살시킨 주범이고, 장함은 대장으로서 부하들을 팽개치고 살아나서 다시 왕 노릇을 하는 파렴치한이다. 나에게 투항하라."

진나라 옛 땅 사람들이 유방 군대의 정연한 규율과 '약법삼장'의 달콤한 약속을 잊을 리가 없었다. 과연 유방은 관중으로 들어가는데 저항다운 저항은 거의 받지 않았다. 이렇게 유방은 항우가 떠난 틈을 타서 천하의 중심 관중을 어려움 없이 다시 취할 수 있었다.

이어서 여세를 몰아 유방은 항우의 초나라군 후방에 있는 제나라와 연합하여 항우의 도읍인 팽성으로 빠르게 향했다. 항우는 제나라와의 싸움에서 연전연승하고 있었지만 유방에게 뒤통수를 맞은 것에 격분했다. 그래서 그는 싸움에 이길 때마다 방화와 살육을 자행했다. 유방은 항우가 대 제나라 전선에 있을 때를 노려 팽성으로 진입했다.

적의 분열을 이용해 후방을 친다

당시 항우는 기의의 상징적인 존재인 회왕을 유배시킨 후 죽였기에 진을 무너뜨리고 초를 회복한다는 대의를 이미 스스로 손상시킨 터였다. 그 때문에 유방은 순조롭게 팽성이 들어갈 수 있었고, 이로써 싸움은 이미 끝난 것으로 보였다. 그러나 유방도 관중에서 항우가 저지른 잘못을 답습하고 말았다. 한신은 이전에 "동쪽 고향으로 돌아가고 싶어 하는 군대를 이끌고 들어가면 이길 수 있다"고 했다. 그런데 군대가 이미 팽성에 도착했으니 동쪽 출신의 군인들에게 안주하는 마음이 생기는 것은 당연했다.

또한 서쪽에서 끌고 온 병사들로서는 승리 후 돌아갈 마음이 생기는 것도 당연했다. 관중 땅에서 거둬들인 군대는 격문으로 쉽게 평정했지만, 머나먼 동쪽 땅에서 투지가 유지될 만큼 강렬한 군기는 없었다.

오자서는 돌아갈 마음을 품은 이들이나 이미 돌아가서 안심한 이들은 투지가 없음을 강조했다. 이번에는 유방이 자만에 빠져 시간을 끌었다. 물론 서쪽에서 끌고 온 병사들은 위로할 필요가 있었을 것이고, 동쪽이 고향인 병사들은 승리감에 들떠있었을 것이다. 그는 팽성의 보물과 여자들을 차지하고 군인들에게 연일 주연을 베풀었다.

반면 북쪽 제나라 전선에 있던 항우는 팽성이 유방에게 떨어졌다는 소식을 듣고는 전선을 부장들에게 맡기고 최정예군사 3만 명을 이끌고 재빨리 남하했다. 이번에는 준비가 되지 않은 적을 불시에 급습하는 오자서의 병법을 항우가 실천했다. 그는 새벽에 행군을 감행해 팽성에 도착한 후 곧바로 정오에 싸움을 벌였는데, 한나라 군대는 사기나 실력에서 상대가 되지 않았다. 살기등등한 항우의 군대를 맞이하자 유방의 군대는 곧 와해되어 달아나기 바빴다. 유방 자신도 몸만 빠져나가 서쪽으로 도망가 형양滎陽에서 겨우 방어선을 구축했다. 도대체 어떻게 이 위기를 벗어날 것인가? 이때 다시 장량이 나선다.

"초의 맹장 구강왕 영포英布는 항왕(항우)과 사이가 벌어졌고, 팽월彭越은 제왕齊王과 함께 반란했던 사람이니 이들을 이용해야 합니다."

당시는 항우가 그동안 전선에서 보여준 행동들로 인해 수하들은 항우에 대한 믿음을 점점 잃어가는 중이었다. 항우는 대단히 인색하고 의심이 많았다. 당시 영포는 항우의 휘하에 있었지만 항우의 분노를 산 일이 있었고, 팽월은 항우를 배반하고 한나라에 귀의했지만 자기 군대를 거느리고 거의 독립적으로 움직이고 있었다.

오자서는 싸움을 할 때는 적 장수들의 꿍꿍이를 먼저 알아야 한다고 했다. 수뇌부의 장수들이 서로 의심하거나, 다투거나, 혹은 사령관의 말에 복종하지 않을 낌새가 보인다면 적은 생각보다 약한 것이다.

장량은 항우 측의 맹장 영포에게 밀사를 보내 항우를 배신할 것을 종용했다. 곧장 유방 진영의 사절단이 영포 진영으로 떠났다. 이번에 떠난 유세객은 수하隨何라는 사람이었다. 구강에 도착하니 영포는 그들을 만나주지 않았다. 아마 사신을 만나면 항우가 의심할까 두려웠기 때문이리라. 수하는 영포 측 인사 하나를 구워삶아서 가까스로 그를 만나게 된다.

수하는 세 가지 이유를 들어 배반을 종용했다. 세 가지 이유 모두 항우라는 사람의 속성과 관련이 있었다. 영포는 원래 서민 출신에 죄를 지어 얼굴에 먹물을 들인 사람이다. 귀족 항우와 근성이 맞지 않는 점이 많았다. 항우는 의심이 많은 사람이다. 어쩐 일인지 항우는 영포를 완전히 신뢰하지 않고 있었고, 영포 또한 이를 알고 있었다. 수하가 물었다.

"왕께서는 항왕과 어떤 사이입니까?"

"과인은 초왕(항우)의 신하요."

"똑같은 왕이면서 신하가 되어 항왕을 섬기는 것은 초나라가 힘이 강하여 기대려고 하는 것 때문이겠지요? 그런데 항왕이 몸소 선봉이 되어 흙을 나르며 제나라를 공격할 때 겨우 병력 4천만 명을 보내어 잡일을 하는 것은 무슨 까닭입니까?"

수하는 말을 잇는다.

"왕께서 초를 배반하지 않는 것은 초가 우리 한보다 강하다고 생각하기 때문이겠지만 사실 그렇지 않습니다. 지금 한왕은 성고와 형양의 요새를 지키면서 촉과 한의 식량을 들여오고 두터운 성벽에 의지하여 요새를 지키고 있습니다. 지금 초의 군대가 제나라 전선을 떠나 한왕이 있는 곳을 치려면 8~900리를 들어가야 하는데 천 리 밖에서 양식을 지고 그곳으로 들어갈 수가 있겠습니까?"

그리고 그간의 행적으로 보아 항우는 믿을 수 없는 사람임을 강조한다.

"초가 한을 이긴다면 제후들은 모두 항왕이 두려워 한나라를 구원할 것입니다. 초는 강해질수록 적을 부르는 나라입니다."

지금까지 항우의 행태로 보면 수하의 말은 사실 그대로였다. 수하가 마지막으로 "항우를 배반하면 거대한 봉지를 얻을 것"이라고 설득하니 영포는 넘어가고 말았다. 과연 유방이 영포를 회남왕으로 봉하고 초나라에 대응하니 항우는 집 앞에 적을 둔 꼴이 되고 말았다. 항우가 이러지도 저러지도 못하는 처지에 빠지게 되자 유방은 가까스로 항우의 포위를 피해 달아날 수 있었다.

엎치락뒤치락 하던 초한쟁패를 끝내기 위해 항우는 계속 유방을 몰아쳤다. 유방은 형양에서 항우를 맞았다. 자신의 근거지인 관중으로 들어가는 입구에서 자웅을 겨루겠다는 심사였다. 양군이 피말리는 접전을 벌였지만 유방이 계속 밀렸다. 유방 쪽 최고의 야전 사령관 한신이 북쪽의 조와 동쪽의 제를 평정하러 간 사이였기 때문에 병력이 부족했다. 여기서 다시 오자서의 한마디를 들어보자.

"양쪽이 대치하여 힘이 필적하는 상황이라면 우리는 반드시 정면으로 상대하지 말고 달아나야 한다. 결국 저들이 이겼다고 생각할 때 우리는 그 후방을 친다."

후방을 칠 힘은 없었지만 유방은 달아나기에는 명수였다. 유방은 밀려나 다시 남양에서 대치했다. 항우로서는 북쪽에 있는 한신이 여전히 껄끄러웠지만 한신이 구원하러 오기 전에 충분히 남양에서 유방을 끝장을 낼 수 있다는 확신이 있었다. 하지만 유방은 나와 싸우지 않았다. 벽을 쌓고 참호를 파고는 그저 한신의 원군이 도착하기를 기다리며 버티기 작전을 고수했다.

이제 막 항우의 꿈이 실현될 것 같은 순간, 뜻밖의 소식이 들어왔다. 초군의 후방에 있던 팽월이 항우가 형양을 공격하는 사이에 항우군의 후방을 괴롭히더니 이제 초의 근거지인 팽성을 압박하고 있다는 것이었다. 그러자 항우는 다 잡은 적수를 버리고 다시 동쪽으로 돌아올 수밖에 없었다. 그동안 별 도움을 주지 못하던 팽월이 항우의 후방을 친 것이다. 본대를 끌어들인 후 돌아서 후방을 치는 것도 오자서가 강조한 방법이다. 이번에도 항우는 급한 나머지 후방에 우환을 남겨두고 서쪽으로 출정한 것이다.

이 이후로도 이런 싸움은 계속 이어진다. 항우는 공격하다가 후방을 교란당한다. 항우는 항상 싸움에서는 이기지만, 승리 후 더 많은 적을 만들고, 후방에서 결국 무너진다. 유격전은 장기전이다. 항우가 《오자서병법》을 체득하고 있었다면 상황은 아마 달라졌을지도 모른다. 결국 한신이 북쪽 조와 제를 평정하고 남하해 항우를 압박하고, 팽월의 유격부대가 보급선을 교란하고, 유방이 정면에서 치고 나오자 초한쟁패의 형세는 완전히 뒤바뀐다. 유방이 시간을 끌면서 슬슬 밀려날 때 기동력이 좋은 팽월이 뒤를 괴롭혔고, 무엇보다 제나라를 평정한 한신의 대군단이 움직이기 시작했다. 항우의 후방은 이렇게 붕괴되고 있었다. 결국 우군을 모조리 잃고 고립된 항우는 사면초가에 빠져 해하垓下에서 외로운 죽음을 맞았다.

전쟁은 여러 사람이 하는 것이다. 역발산기개세의 위력과 백전백승의 능력이 전쟁의 승패를 결정짓지는 않는다. 전쟁의 요지는 아군은 뭉치게 하고 적은 흩어지게 하는 것이다. 항우는 연전연승했지만 제나라가 떨어져나가고, 팽월이 배반하고, 영포가 배반하고, 모사들이 떨어져나갔다. 그 결과 결정적인 순간마다 후방을 잃고 대패하고 말았다.

욕심과 자만은 함정에 빠지는 지름길이다

몇 번의 사소한 실수가 있었지만 유방은 《오자서병법》의 처음과 끝을 모두 이해하고 있었다. 그러나 그는 초한쟁패에서 이기고 한나라의 초대 황제가 되자 다시 교만해져 어렵게 얻은 나라를 거의 잃을 뻔했다.

중원의 패권을 놓고 남쪽에서 항우와 유방이 한창 싸우고 있을 때, 북쪽에서는 흉노라는 거대 유목제국이 성장하고 있었다. 지금 거론할 한신韓信은 한나라의 왕실의 후예로, 앞서 언급한 군사 전략가 한신과 이름이 같지만 다른 인물이다. 그는 한나라 왕실의 후예로 관중 탈환 작전에서 큰 공을 세워 한왕韓王에 봉해진 인물이다.

천하가 평정되자 유방은 군대를 거느리고 있는 무장들이 두려웠다. 그래서 한신을 원래의 근거지인 한나라의 왕으로 봉하고 나서도 못내 불안해했다. 그래서 다시 한신을 북쪽 진양晉陽으로 보내 흉노를 방어하게 했다. 당시 흉노의 위세는 대단해서 변방의 읍들은 모두 두려움에 떨었다. 《사기》에 의하면 흉노는 남쪽 중국이 전란에 빠져 있을 때 계속 성장하여 묵특冒頓 선우(흉노의 수장) 시절에 기마 궁수가 무려 30만 명이나 되었다고 한다.

새로 한신이 도착하자마자 흉노의 대규모 침공이 시작되었다. 선우가 직접 내려와 한신의 주둔지 마읍馬邑을 포위하니 한신은 화친을 통해 위기를 탈출하고자 했다. 그래서 여러 차례 사자를 보내니 유방의 의심이 발동했다. "저자가 흉노와 힘을 합치려는 것이 아닐까?" 당시 한신이 어떤 마음을 먹었는지는 그 자신만 알 일이다. 그러나 유방의 사자가 와서 "딴 마음을 먹은 게 아니냐"고 나무랐을 때 한신이 배반을 결심한 것은 확실하다. "황제는 확실히 나를 의심하고 있다. 돌아가도 위험하다." 결국 한신은 흉노에 항복했다.

왕으로 봉한 자가 흉노에 항복하자 유방은 노기충천했다. 긴 전국시대의 터널을 지나 중국이 최초로 통일된 지 진과 한을 합쳐 겨우 30년이다. 그런데 변경을 지키는 장수들이 흉노에 투항하는 일이 벌어지고 있었다. 흉노는 한신의 군대까지 얻어서 태원으로 쳐들어왔다. 태원은 춘추전국시기 진나라와 조나라가 개척한 북방의 요충지다.

이에 유방은 몸소 군대를 이끌고 이제는 적이 된 한신과 흉노를 상대하기 위해 북쪽으로 나아갔다. 방금 초한쟁패의 아수라장을 벗어난 그는 두려울 것이 없었다. 황제가 직접 나서자 한나라 군대는 거침없이 북진했다. 먼저 항복한 한신의 군대가 유방과 맞섰지만 바로 격파되었다. 그러자 흉노의 좌현왕左賢王과 우현왕右賢王의 기병 2만 명이 내려왔으나 역시 패주하여 북쪽으로 달아났다. 《사기》에 의하면 당시 유방은 무려 32만 명의 병사들을 동원했다고 한다. 기병 2만 명이 32만 명을 당할 수는 없었을 것이다. 유방의 본대는 이들을 쫓아 북쪽으로 이동했다.

이쯤되면 한 번쯤 의심해봐야 한다. 오자서는 "우군으로 중군을 상대한다", "작은 부대로 적의 본대를 유인한다", "적을 깊숙이 끌어들여 친다"는 유격전술의 기본을 제시했다. 이때 유방은 적이 유인전술을 쓰는 것이 아닌지 의심했어야 했다. 그런데 몇 번의 승리에 교만해진 유방은 바로 본진을 움직였다.

유방은 진격 중에 적의 동태를 계속 살피게 했다. 척후가 보기에 흉노 부대의 장졸들을 모두 보잘것없어 보였다. 그러나 이것이 미끼였다. 묵특은 정예는 숨겨두고 일부러 약한 병사만 노출시켰던 것이다. 흉노는 지금 오자서가 말한 "적의 승리를 자신하면 우리는 완전히 엎드려 적을 더욱 깊이 끌어들인다"는 전술을 쓰고 있었다.

이제 유방은 선두에 서서 평성平城까지 들이쳤다. 평성은 당시 한나라 최북방이었다. 유방이 워낙 빨리 진격했기 때문에 보병의 본대가 미처 따라잡지 못했다. 유방이 백등산白登山이라는 곳을 지나자 흉노의 정예기병이 출격하여 산을 둘러쌌다.

흉노를 비롯한 유목군대의 기본전술은 오자서의 유격전과 7~8할은 일치한다. 퇴각하면서 적의 대열을 종대로 분산시키고, 후위와 치중이 따라붙지 못할 때 치는 것이다. 바로 오자서가 말한 "후위가 따라붙지 못할 때 타격한다"는 전술이다. 또한 오자서는 이렇게 말했다. "적을 쪼개서 상하전후가 협동하지 못하도록 한 후 한 곳을 집중하여 친다."

지금 유방은 이 전술에 걸려든 것이다. 때는 겨울이었다. 겨울은 바로 북방민족 흉노와 그들의 주무기인 말의 계절이다. 오자서는 "일기가 자신에게 유리할 때 공격한다"고 이야기했다. 그러나 당시 일기는 유방에게 너무나 혹독했다. 기록에는 너무 추워 병사들 중 손가락이 떨어진 이들이 열에 둘셋은 되었다고 한다. 과거의 유방이었다면 이런 무모한 추격을 감행하지는 않았을 것이다. 그러나 묵특을 한 번에 제압하겠다는 욕심 때문에 그는 모험을 감행했던 것이다.

기병이 산을 둘러싸자 도무지 어찌할 방법이 없었다. 그때 묵특이 동원한 기병이 40만 명이었다고 한다. 물론 과장된 숫자겠지만 보병 32만 명으로는 기병 10만 명도 감당할 수 없다. 동서남북을 포위하고 있는 흉노의 군대는 모두 질서정연한 정예 기병이었다. 안에서 포위를 뚫을 수도 없고, 밖에서 군수 물자를 댈 수도 없는 상황에서 유방은 고사당할 지경에 빠졌다. 이때 유방이 한 행동 중 유일하게 잘한 것은 포기하지 않고 탈출할 방법을 계속 찾았다는 것이다. 유방은 흉노 선우의 부인에게 뇌물을 듬뿍 먹였다. 그리고 포위를 풀어달라고 애원했다. 뇌물을 먹은 부인은 선우에게 유세했다.

"두 군주께서 서로 해쳐서는 안 됩니다. 우리가 지금 한나라 땅을 얻더라도 선우께서 살만한 곳이 아닙니다. 저쪽 군주는 또 신의 보살핌을 받는다고 합니다."

묵특은 뛰어난 전략가였다. 유방을 죽인다고 하더라도 쌍방의 희생은 불가피하다. 또한 유목지대의 인구는 희박한데 이런 전면전에서 자기 군사들을 희생시키는 모험을 하는 것도 내키지 않았다. 일단 필요한 물자를 받아내면 되는 것이었다. 이리하여 묵특은 유방을 풀어주었다. 그러나 그 대가로 한나라는 매년 엄청난 물자를 흉노에게 제공하고, 계속 비위를 맞춰야 했다. 이런 상황이 끝난 것은 오랜 시간이 지난 후 흉노가 스스로 남북으로 분열된 후였다. 이렇게 천하의 유방도 교만해지자《오자서병법》을 거꾸로 실천했던 것이다.

승리한 자는 끝까지 겸손해야 한다

앞 장에서 예를 든 명태조 주원장은 의심이 많아 싸움에서 유방과 같은 엄청난 실수를 저지르지는 않았다. 그럼에도 유방을 주원장의 위에 놓은 이유는 승리 후 내부를 다스리는 면에서 그가 주원장보다 월등했기 때문이다.

  황제가 된 후에 유방은 주원장처럼 표변하지 않았다. 많은 사람들은 유방이 승리한 후 공신들을 대거 제거한 것으로 알고 있지만 여기에는 약간의 오해가 있다. 사실 한신, 팽월, 영포 등 전장에서 활약한 3걸은 통일 후 모두 제거되었다. 사료를 보면 팽월은 분명 의심과 모함을 받아 죽은 것으로 보인다. 그러나 한신과 영포는 죽음을 자초했다고 하는 것이 옳다. 일단 한신(흉노와 결탁한 한신과 오해하면 안 된다)의 이야기만 들어보자.

  초한쟁패가 끝나지 않았을 무렵 한나라 진영에서 한신의 군사적인 재능은 절대적인 가치가 있었다. 한신의 군대를 부리는 일에 관한 한 그 누구도 따라갈 수 없었다. 그러나 그는 대단히 건방졌다. 한이 제를 칠 때의 일이다. 당시 유방은 한신에게 제나라를 공격하게 하는 한편 유세가 역이기酈食其를 보내 제나라 왕의 항복을 권유하게 했다. 전쟁터에서 한신이 제일 뛰어났다면, 외교 방면의 일인자는 역이기였다. 한신은 비록 연전연승하고 있었지만 제나라의 무수한 성을 깨뜨리느라 고생하고 있었다.

그러던 어느 날 역이기가 제왕을 설득하여 항복을 받아냈다는 소식이 군영으로 날아들었다. 그때 한신의 모사 한 사람이 이렇게 말했다.

"장군이 전장에서 싸우고 있는데, 한왕(유방)이 따로 책사를 보내 제나라의 항복을 받았습니다. 그러나 아직 장군에게 군사를 멈추라는 명령을 내리지는 않았습니다.

장군은 수만 대군을 거느리고 해를 넘기면서 겨우 50개 성을 얻었습니다. 그런데 역이기가 겨우 세치 혀로 70여 성을 얻게 한다면, 장군의 공이 보잘것없어집니다."

한신도 역이기를 질투하고 있던 차에 이런 조언을 듣자 바로 실행에 옮겼다. 당시 제왕은 싸움이 끝났다고 보고 역이기와 함께 잔치를 벌이며 방비를 하지 않고 있었다. 그런 차에 한신의 습격이 개시된 것이다. 제왕은 역이기가 자신을 속였다고 치를 떨며, 그를 솥에 넣어 삶아 죽였다. 이렇게 일급 책사 한 사람이 죽음을 당했다.

물론 한신은 제나라를 평정했다. 그러나 유방이 한신의 독단적인 행동을 달가워할 리는 없었다. 유방은 "한신 이놈은 꿍꿍이가 있다"고 의심했다.

제나라를 얻은 후 한신은 더욱 심하게 행동했다. 그는 당시 형양에서 항우에게 포위되어 고전하고 있던 유방에게 이런 서신을 보냈다.

"제나라 사람들은 잘 속이고 배반합니다. 저를 가왕假王(가짜 왕)으로 삼아주시면 정세를 안정시킬 수 있습니다."

유방은 이 서신을 듣고 화가 치밀었다.

"나는 여기서 포위돼 하루라도 빨리 와서 도와주기를 바라고 있는데, 저는 왕이 될 생각이나 해?"

그때 장량이 슬쩍 유방의 발을 밟고는 귓속말을 했다.

"지금 우리 한나라는 위기에 처해 있습니다. 한신을 왕으로 봉하는 것이 대수입니까? 한신에게 왕 자리를 주고 제나라나 잘 지키게 하는 것이 낫습니다. 안 그러면 난리가 날 것입니다."

유방은 바로 현실을 깨닫고, 얼굴색을 확 바꾸고 사자에게 소리쳤다.

"장부가 제후 땅을 평정했으면 진왕眞王(진짜 왕)이 될 일이지, 겨우 가왕이나 된단 말이냐."

그러고는 한신을 제왕에 봉했다. 그러나 한신의 사람됨에는 실망할 수밖에 없었다.

초한쟁패가 끝나자 한신은 한나라를 세운 공이 다 자기에게 있다는 발언을 수없이 했고, 다른 공신들을 모두 자신의 아래로 봤다. 그러니 궁지에 빠진 그를 엄호해줄 사람은 아무도 없었다.

고대의 기록은 모두 승자들이 쓴 것이다. 한신은 결국 역모죄로 죽었지만 실제로 역모를 꾀했는지는 의문이다. 그러나 그를 그냥 두자니 황제의 위엄이 서지 않는 것도 사실이었다. 한신 스스로는 억울하겠지만, 그가 여러 차례 의심의 실마리를 제공한 것도 사실이었다.

유방은 주원장처럼 악독한 이는 아니었다. 한신과 영포 등 껄끄러운 행동을 불사하던 무장들은 제거했지만 다른 공신들을 일부러 해코지하지는 않았다. 비록 평성에서 흉노에게 치욕을 당하기는 했지만, 그는 전한과 후한 합쳐서 400년이 넘는 세월 동안 장수한 유씨 천하의 기틀을 닦은 사람이었다.

제4장

모든 전략을 지혜롭게 활용한다 _고수 모택동

저들이 출격하면 우리는 돌아오고, 저들이 돌아가면 우리는 다시 출격한다.
- 오자서, 《춘추좌씨전》

중국에는 20세기를 산 사람으로서 죽자마자 신이 된 사나이가 있다. 중국의 운전사를 비롯한 보통 사람들은 그의 부적을 품고 액을 멀리 하고 복이 오기를 기원한다. 20세기 이전이야 사람이 죽어 신이 되는 일이 쉬웠지만, 과학이 점령한 이 시절에 사람으로서 신이 된다는 것은 대단히 어려운 일이다. 사망과 동시에 신이 된 사람, 바로 중국 공산혁명의 아버지 모택동이다.

그가 신이 된 이유는 신화 속에나 나올 법한 이야기를 현실로 만들었기 때문이다. 또한 고대의 병법을 20세기에 완벽하게 구현하여 세계 전술사를 모조리 고쳐 쓰게 만들었다. 다윗이 골리앗을 이긴 정도를 넘어 개구리가 뱀을 잡아먹는 역전극을 연출했으니 말이다. 그는 《오자서병법》의 완성자이며 실천자다. 이 사나이가 마음에 들든 들지 않든, 지금 자신의 약한 힘을 쥐어짜서 강한 상대를 이겨야 하는 절체절명의 상황이라면 모택동이 온몸으로 체득한 《오자서병법》을 배우지 않을 수가 없다.

전세를 뒤집은 역전의 명수 모택동

중국 대륙 중남부 강서성江西省에는 난대 수목으로 뒤덮인 첩첩산중 오지가 있으니, 이름하여 정강산井岡山이다. 1927년 가을, 이 산속으로 1천여 명의 패잔병 무리가 몰려들었다. 추적자들은 그들을 공비共匪, 즉 공산당 비적이라 불렀는데, 이른바 '무장공비'도 되지 못한 빈털털이들이었다. 인원은 1천 명 남짓에 총을 가진 이도 꽤 많았지만, 총알 없이 빈 총을 든 이도 많았다. 그나마 워낙 가진 것 없는 덕택에 가벼운 몸으로 용케 이 산중까지 도망쳐온 사람들이 대다수였다.

당시 밖에서 관찰하던 사람들 중에 그들의 희망찬 장래를 예측했던 이는 하나도 없었다. 굳이 싸우지 않아도 초근목피로 연명하다 서서히 자멸할 것이라고 생각하는 이들이 대다수였다. 그러나 이들은 살아났을 뿐만 아니라 탄탄한 전략과 전술을 갖춘 대륙의 주인임을 증명하고 말았다. 그로부터 20년이 지나자 이 비적들이 당시 4억 인구의 중국 전역을 차지하는 기염을 토했고, 그들을 비웃던 이들은 넓은 육지를 버리고 바다를 건너 동남쪽의 자그마한 섬 대만臺灣으로 달아나고 말았다.

도대체 어떤 과정을 거쳤기에 그런 역전이 가능했을까? 어찌하여 애초 객관적으로 볼 때 수십 분의 일에도 못 미치는 힘으로, 겨우 20년 만에 전세를 완전히 뒤집을 수 있었을까?

모택동은 《손자병법》의 유격전 부분을 끊임없이 연구하고, 결국 자기 것으로 만들었다. 그러나 《오자서병법》이 당시 무덤 속을 나왔더라면, 그는 아마도 손자 대신 오자서를 더 많이 언급했을 것이다. 《손자병법》의 유격전략을 전술 부분까지 확장시켜 체계화한 것이 바로 《오자서병법》이기 때문이다.

이제 우리는 대개 세 기간에 걸쳐 모택동이 유격전술을 필승의 전법으로 다듬는 과정을 살펴볼 것이다. 그의 적수들은 처음에는 압도적인 우세를 가지고 그를 상대했지만 싸움을 거듭할수록 수렁에 빠져들더니, 결국 그에게 주도권을 내주고 패하고 말았다. 나는 모택동이 유격전을 완성하는 과정을 생존, 성장, 반격 3단계로 도식화할 것이다. 동시에 딱 맞아 떨어지지는 않겠지만 그 전술적 세 단계를 1928년 유격전 개시부터 대규모 퇴각, 즉 대장정大長程이 마무리된 1935년까지를 제1단계, 1935년에서 1945년 사이 대對 일본 반제국주의 전쟁 시기를 제2단계, 마지막으로 국민당과의 격심한 내전을 마치고 건국을 선언한 1949년까지를 제3단계로 설정하고, 이 과정에서 《오자서병법》이 어떻게 적용되고 실현되었는지를 분석할 것이다.

본론에 들어가기 전에 이 이야기의 등장인물 세 명을 먼저 알아보자. 첫째는 주인공 모택동과 그가 거느린 공산혁명군이다. 그리고 맞수는 장개석蔣介石과 그의 국민당군이다. 이어서 이들 사이에 일본 제국주의자들의 군대가 있다.

일본군은 모택동이 맞이한 두 적수 중 밖에서 들어온 적이었다. 1905년 일본군은 러일전쟁에서 승리한 후 만주 지역의 철도 이권을 지킨다는 명목으로 수비대를 주둔시켰다. 관동군으로 알려진 이 군대는 말이 수비대지 사실은 전형적인 침략군이었다. 호시탐탐 대륙 침략의 기회를 엿보던 일본은 결국 만주 주둔군을 첨병으로 삼아 중국 본토를 삼킬 야욕을 드러낸다.

일본군이 외부의 적이라면 장개석은 내부의 적수다. 그는 청나라 말기 열강들에 의해 숭숭 구멍이 뚫리고, 신해혁명으로 청나라가 무너진 후 각 지역에 할거한 군벌들이 갈기갈기 찢어놓은 중국을 통일한 사람이다. 통일을 완수하자 그의 명망은 하늘을 찔렀다. 당시 그와 모택동의 명망을 수평으로 비교하자면 일국의 대통령과 농촌의 협동조합장 정도의 차이가 있었다.

안팎의 두 적수 모두 출발선상에서는 모택동과는 비교할 수도 없는 강적이었다. 일제는 신식 무기로 무장한 강한 군대를 가지고 있었고, 장개석은 전국 통일의 업적과 전국적 군사 동원 능력을 가지고 있었다. 어느 쪽 하나 모택동이 정면으로 승부해서 이길 상대가 아니었다. 기본적으로 이 삼자의 복잡한 상호관계 속에서 중국의 공산주의 혁명은 우여곡절을 겪었다. 그러나 약체 모택동은 장개석이든 일제든 그 누구에게도 항복할 마음이 없었다. 상대들 역시 마찬가지였다. 그러니 셋 중 둘은 쓰러져야 싸움이 끝날 형국이었다.

병력을 분산시키는 모험은 하지 않는다

그럼 모택동은 왜 정강산으로 쫓겨 들어왔던 것일까? 공산주의의 싹이 튼 것은 오래전 일이 아니다. 19세기 이래 열강들의 손쉬운 먹이가 된 중국을 구하고자 운동가들은 갖은 방책을 제시했다. 그러나 당시 중국의 사회적 모순은 너무나 복잡하고 첨예해서 이제 혁명적인 방법이 아니면 해결할 수 없다는 흐름이 형성되었으니 그 중심에 공산당이 있었다. 1921년 상해에서 창립대회를 열었을 때, 참석한 인원은 고작 13명이었다. 그러나 그 안에 스물여덟 살의 청년 모택동이 있었다는 사실이 중요하다. 비록 그는 출발은 늦었지만 성장은 대단히 빨랐다. 마침 러시아 혁명의 성공과 소련의 부상은 중국 지식인들을 고무했고, 수많은 개혁가들이 공산당 진영으로 몰려들었다. 그러나 빠른 성장에 도취된 탓인지 공산주의자들은 스스로의 역량을 객관적으로 살피지 못하는 오류를 범했다. 러시아와 마찬가지로 당장 무력으로 전국을 혁명의 열기로 채울 수 있다고 생각했던 것이다.

급기야 1927년 8월, 강서성 남창南昌에서 무장한 공산당원들이 농민과 노동자들의 힘을 업고 폭동을 일으켰다. 요행히 남창을 점령했지만, 바로 포위당하고 말았다. 남창을 점령한 시간은 겨우 3일이었다. 폭동은 철저하게 진압되었다. 젊은 모택동도 그해 9월 호남성 농민들을 선동하여 폭동을 일으켰다. 그러나 결과는 마찬가지였다. 국민당 정부군의 반격 앞에 훈련되지 않은 농민군으로는 상대가 되지 않자 어쩔 수 없이 쫓겨 들어간 곳이 바로 정강산이다.

모택동은 이 일로 중요한 깨달음을 얻었다. 공산혁명은 지식인들의 구호로 달성되는 것이 아니며, 현재 정면으로 국민당 정부군과 부딪히는 것은 계란으로 바위를 치는 격이라는 사실이었다. 다행히 이듬해 1928년 주덕朱德이 이끄는 부대가 정강산에 들어와 합류했다. 이 후로 모택동과 주덕은 '주모朱毛'라는 별칭으로 불리며 끈질긴 유격전에 돌입한다.

산에 숨어 있다가 불쑥불쑥 등장하는 이 '공비'들은 정규군의 입장에서는 여간 까다로운 존재가 아니었다. 그러나 여전히 이들은 공산 혁명세력의 주류가 아니었다. 주류는 여전히 도시에 의존한 폭동이 혁명의 길이라고 믿고 있었다. 이들은 상해에서 지하운동을 벌이는 동시에 계속 폭동을 획책했다. 그러나 1931년 지하운동 주동자들이 대규모로 체포되어 처형되자 도시 중심의 혁명은 전술적인 한계만 노출하며 계속 후퇴할 수밖에 없었다.

이처럼 주류 세력이 심각한 타격을 입자 그동안 활약에 비해 크게 주목 받지 못하던 산속의 '공비'들이 부각되기 시작했다. 그들은 비록 무장수준은 빈약했지만 나름대로 군대를 거느리고 있었고, 주변의 농민들에 기대어 서서히 기반을 넓혀가는 중이었다.

다른 사람은 몰라도 예민한 정치인 장개석은 장차 모택동이 그의 가장 큰 적수가 될 것을 예감했다. 일본군은 당장 치기는 어렵지만, 때가 되면 스스로 약해진다고 믿고 있었다. 일본군은 원래 중국의 주인이 아닌 이민족 군대에 불과하다. 장개석이 보기에 "공산당은 뱃속의 화근이지만, 일본군은 피부의 종양이었다."

그래서 장개석은 1930년에서 1935년까지 무려 다섯 차례에 걸친 포위 섬멸 작전을 벌여 '공비'들을 완전히 소탕하려 시도했다. 그러나 어찌된 일인지 1~4차 포위 섬멸전은 압도적인 화력의 우세에도 불구하고 모두 격퇴되고 말았다. 어떻게 그런 일이 가능했을까? 모택동은 그저 《오자서병법》을 따랐을 뿐이다. 그는 이렇게 말했다.

> 지배계층 정권이 비교적 안정된 시기에, 군사적으로 병력을 분산시켜 모험적으로 진격하는 것을 무엇보다도 삼가야 한다.●
> – 〈정강산 투쟁〉, 1928년 11월 25일

오자서는 "우리 땅에서는 우리가 주도권이 있다"는 것을 강조했다. 적이 우리 땅으로 들어오느라 힘을 빼면, 우리는 날래고 저들을 피로한데 어찌 이기지 못할 수 있겠느냐는 것이다. 초기의 모택동의 전술이란 힘을 모으고 적이 들어올 때까지 기다리자는 것이었다.

그러나 강한 적이 들이칠 때까지 손을 놓고 있으면 문제가 해결되는가? 오자서는 "단결되지 않은 적, 지휘계통이 전도된 적을 공격한다"고 했다. 모택동은 적이 단결되어 있지도 않고, 지휘계통이 정연하지도 않다는 것을 알고 있었다. 오자서는 출정 전야에 반드시 내부를 안정시키라고 했다. 그러나 장개석 진영 내부는 어수선하기만 했다.

● 이후 인용한 모택동의 말은 모두 모택동, 김승일 옮김, 《모택동 선집 1~4》(범우사, 2001, 2002, 2007, 2008)에 따른다.

적의 힘이 빠졌을 때, 전력을 다해 공격한다

그럼 장개석 세력은 어떻게 형성되었고, 그의 위세는 어느 정도였을까? 장개석은 신해혁명으로 청나라가 멸망한 이후 각지에 할거하던 군벌들을 제압하고 전국을 통일하여 1928년 남경에 국민정부를 세워 자신이 총통이 되었다. 통일과업의 완수, 이것이 그의 가장 큰 자산이었다. 그러나 통일 전쟁은 처절한 전투의 결과라기보다는 일종의 정치적인 협상이었다. 노련한 기회주의자들은 싸움 없이 항복하여 세력을 보존했고, 통일 과정에서 장개석에게 도움을 준 세력들은 새로운 군벌이 되어 반독립적인 지위를 누렸다. 이들은 언제든지 딴 마음을 먹을 수 있는 사람들이었다.

세력이 큰 이들만 정리하면, 광서군벌 이종인李宗仁, 화북 및 서북을 장악하고 있던 군벌 염석산閻錫山과 풍옥상馮玉祥, 동북군벌 장학량張學良 등이 있었다. 이들은 모두 대규모 군대를 거느리고 있었을 뿐만 아니라 자신들이 점거하고 있는 지역에서 세금을 걷었다. 이들은 자신들의 이익과 맞을 때만 남경의 국민정부에 협조하고 수가 틀리면 협조하지 않았다.

장개석은 세금 징수권을 가져가보려고도 하고, 이들을 군대를 줄이려고도 했지만 아무도 말을 듣지 않았다. 이렇게 여러 세력의 각축장에서 줄타기를 하는 데 이력이 난 장개석은 당근과 채찍을 들고 이들을 제어하려 했지만, 마땅한 당근도 채찍도 없는 상황이었다. 1928년 상해에서 일본군과 가장 적극적인 전투를 벌였던 채정개蔡廷鍇의 국민당 19로군은 이듬해 복건성에서 공산군 토벌에 나섰을 때 오히려 적에게 포섭되는 일마저 발생했다. 모택동은 스스로 세력이 약하다는 것을 알았지만, 적의 세력이 단결되어 있지 않다는 것도 알았다. 그는 적의 약점을 철저히 이용했다.

이제 모택동이 네 차례 포위 소탕전을 어떻게 견뎌냈는지 살펴보자.

제1차 토벌전에는 장휘찬張輝瓚의 강서성 군대 일곱 개 사단, 대체로 10만 명의 인원이 참가했다. 모택동은 상대를 이렇게 평가했다. "적의 병력은 10만 명. 그러나 지휘관들이 모두 장개석의 직계가 아니다." 그들은 한마디로 충성심이 별로 없는 지방군벌이었고, 또 병력도 10만 명이면 많다고 할 수 없었다.

토벌군이 진격하자 모택동은 밖으로 나와 두 차례 반격하는 척 하다가 이내 뒤로 퇴각했다. 반면 장휘찬은 적을 적으로 보지 않고 무턱대고 직선으로 진격했다. 모택동은 장휘찬이 산으로 둘러싸인 좁은 길을 통과하기를 기다렸다가 완전히 포위되었을 때 4만 명 주력군을 모두 모아 공격에 나섰다. 불과 두어 시간 만에 장휘찬의 군대는 완전히 궤멸되었다. 항복한 수가 9천 명이고, 장휘찬 자신도 사로잡히고 말았다. 이 소식을 들은 나머지 국민당군은 싸움도 없이 퇴각했다.

연이어 제2차 토벌전이 시작되었다. 이번에는 20만 명이 동원되었다. 이번에 장개석은 적을 토벌하는 것은 그저 시간 문제라고 생각했다. 모택동은 이렇게 적정을 판단했다. "출정한 지휘관들은 모두 비직계. 19로군과 26로군은 강하고, 나머지는 약체다."

원정군 사령관 하응흠何應欽은 제1차 토벌전의 실패를 거울삼아 정강산 일대를 완전히 포위하고 서서히 진격했다. 그러나 적의 주력이 어디 있는지 계속 파악하지 못했기 때문에 역시 군대를 잘게 쪼개어 진격할 수밖에 없었다. 오자서는 "역량이 분산된 적을 친다"는 원칙을 내세웠다. 이번에도 토벌군은 역량을 분산시킨 채로 진격했다. 산지로 들어서자 상황은 제1차와 비슷하게 진행되었다. 각 군대마다 진격의 속도가 차이가 나고, 또 화력도 분산되었다. 모택동은 이번에도 주력을 모아서 토벌군 중 가장 약한 제5로군을 타격하고, 약한 순서로 계속 각개격파했다. 이리하여 여섯 개 사단이 차례로 격파되자 토벌군은 퇴각할 수밖에 없었다.

모택동은 이렇게 말했다.

"적의 취약 부분을 알아내기 위해서는 정찰이 필요하다. 그러자면 많은 시간이 필요하며, 이를 위해서도 전략적 퇴각이 필요하다."

모택동은 손자가 말한 "적의 예봉을 피하고 적이 지쳐 물러갈 때 공격하라"는 말을 자주 쓴다. 그런데 만일 《오자서병법》을 먼저 알았다면 오자서의 말을 인용했을 것이다. 《오자서병법》은 《손자병법》의 유격 부분을 정밀하게 발전시킬 것이다. 오자서는 이렇게 말했다.

"군대를 진격시킬 때는 적의 전진과 후퇴에 따라 우리 군을 전진시키고 후퇴시켜야 한다."

동시에 오자서는 적의 지도부 내부의 분열, 사령관과 병사들 사이의 분열, 적의 작전단위들 사이의 분열을 모두 이용해야 함을 지적한다. 모택동은 싸움에 앞서 항상 장개석과 토벌군 지휘관의 관계, 지휘관과 그들이 이끄는 병사들의 관계, 작전 단위들의 화력을 먼저 파악했다. 그러면서 물러나면서 적의 취약부를 파악하고, 적이 지쳤을 때 주력을 집중해서 공격한다. 이렇듯 모택동의 전술이 바로 오자서의 전술이다.

연이은 두 차례의 토벌 실패로 장개석은 격노했다. 제3차 토벌전에는 30만 명이 동원되었고, 장개석 자신이 직접 나섰으며 지휘관들은 모두 직계였다. 장개석은 제1, 2차 토벌전의 실패를 거울삼아 압도적인 병력으로 동시에 밀어붙였고, 모택동도 이 전술에 두려움을 느꼈다. 이에 모택동이 쓴 전술은 오자서가 강조하는 '우군으로 중군을 치는 것'이었다. 즉 기동력을 이용하여 적의 주력이 많이 움직이게 하고 지치게 만들되 정면으로 싸우지는 않는 전술이다.

모택동은 주력과 맞서지 않고 빠른 속도로 달아났다. 적의 주력이 강서성 남부 근거지로 깊이 들어올 때까지 계속 싸우는 척하다가 달아나서 허탕을 치게 했다. 계속 허탕을 치자 국민당군은 힘이 빠졌다. 오자서는 "적의 견실함을 태만함으로 바꾸라"고 말했다.

적이 진을 견실하게 치면 우리는 소수의 병력에 허술한 진으로 상대하고, 적이 기뻐하면 우리는 일부러 슬픈 기색을 내보이고, 적이 승리를 자신하면 우리는 기꺼이 엎드려 기다린다. 비로소 적이 우리를 가볍게 보고 무턱대고 달려들 것이니, 그때 우리는 질풍같이 들이친다.

결국 적이 거의 근거지에 도착했을 때, 야간에 전 병력을 집중하여 국민당의 가장 약한 세 개 사단을 차례로 공격하고 바로 퇴각했다. 오자서의 전술을 그대로 이용한 것이다. 이때 장개석은 그 어려움을 이렇게 토로했다.

> 비적을 진압하면서 겪는 곤란은 대규모 군사 원정보다도 심각하다. 지역의 지형에 익숙한데다 농민들의 지원을 강제로 얻어 오는 항상 원하는 일을 할 수 있다. 실질적인 전투를 회피하면서 우리의 약한 곳에 타격을 가한다. 한편 정부군은 앞으로 뒤로 왔다갔다해야만 하므로 지치고 짜증이 나게 된다.●

모택동의 실력이 드러나자 장개석의 작전도 진화했다. 제4차 공격에서는 세 병단이 공산군의 근거지로 집결하는 전술을 썼다. 병력을 너무 나누면 각개격파된다는 것을 알았기 때문이다. 그러나 이번에도 모택동은 어디가 가장 약한지 파악하고 있었다. 모택동은 이들이 다 모이기를 기다리지 않고 가장 약한 서로군을 집중 타격하여 격파했다. 적이 준비되지 않을 때, 즉 움직이는 적을 치는 것이 모택동의 전술인데, 우리는 앞서 주원장이 이 작전을 써서 진우량을 격퇴하는 것을 보았다. 오자서는 행군하는 적을 치는 것을 강조했는데, 적당한 거리를 유지하고 있다가 적의 선두와 중군, 그리고 후위가 서로 호응하지 못하는 순간을 노려 친다고 말했다. 모택동이 장개석의 삼로군이 모이기 전에 약한 서로군을 먼저 타격한 것이 바로 그 전술이다.

● 레이 황, 구범진 옮김, 《장제스 일기를 읽다》, 푸른역사, 2009. 이후 인용한 장개석의 말은 모두 그의 일기에서 취한다.

더 과감한 것은 이들이 여세를 몰아 다시 중로군을 쳤다는 사실이다. 이리하여 압도적인 전력의 우세에도 불구하고 1~4차 토벌전은 모조리 실패하고 말았다. 유격작전의 연이은 성공은 수천 명의 '공비'들을 무려 10만 명의 병력을 가진 무장집단으로 변신하게 했다. 항복한 국민당군이 모두 공산군이 되고 말았기 때문이다. 모택동은 이렇게 말했다.

> 정강산에서 소박한 유격전쟁의 기본 원칙이 생겨났다.
> 적이 진격하면 우리는 퇴각하고, 적이 주둔하면 우리는 교란하고, 적이 피로하면 우리는 공격하고, 적이 퇴각하면 우리는 추격한다〔敵進我退, 敵駐我擾, 敵疲我打, 敵退我追〕.

이른바 유격전의 16자의 요결인데, 바로 오자서가 실제로 한 말과 거의 같지 않은가?

> 저들이 출격하면 우리는 돌아오고 (군대를 거두고), 저들이 돌아가면 우리는 다시 출격한다〔彼出則歸, 彼歸則出〕.
> ─오자서, 《춘추좌씨전》

유격과 대장정, 반격의 디딤돌이 되다

그러나 무려 70만 명이 동원된 제5차 포위 작전은 완전히 달랐다. 장개석이 독일인 군사 고문관들과 숙의한 끝에 내놓은 것은 고사작전 枯死作戰이었다. 외부에서 서서히 접근하며 포위망을 좁히는데, 일단 전략적 근거지를 확보하면 보루를 만들고, 일체의 물자가 공산당 근거지로 흘러 들어가지 못하도록 만들었다. 그들이 모택동이 쳐놓은 그물망으로 들어가지 않고 느리지만 꾸준히 밀고 들어가자 과연 공산당 근거지는 극심한 물자 부진으로 서서히 말라갔다. 모택동에게 위기의 순간이 닥친 것이다.

근거지가 포위당하고 서서히 잠식당하는 와중에 내부의 상황도 모택동에게 점점 불리하게 전개되었다. 기존의 급진적인 진격 정책을 옹호했던 이들이 다시 그를 공격하기 시작했던 것이다. 그런 분위기에서 모택동의 유격전술은 소련 공산당이 파견한 군사고문 오토 브라운Otto Braun의 진지전으로 대체되었다. 적이 진격하면 후퇴하지 않고 보루에서 맞아 싸운다는 전술이었다. 그러나 적이 여러 갈래로 협공하기 때문에 진지전을 수행하려면 여러 지점으로 힘을 분산할 수밖에 없다. 애초에 쌍방의 힘의 우위가 명백한 상황에서 진지전은 패배의 지름길이었다.

진지에서 적을 맞아 싸우면서 공산군 주력은 점점 피로해졌다. 병력을 여섯 개로 나누고 각각 전선에서 저항했지만 화력의 차이 때문에 계속 뒤로 밀릴 수밖에 없었다. 모택동은 줄곧 땅을 버리고 주력을 집중시켜 적의 약한 부분을 타격하고, 나머지 별동대는 적의 주력을 견제해야 한다고 주장했다. 〈중국 혁명전쟁의 전략문제〉에서 모택동은 그 시절을 반성했다.

공격을 위한 방어, 전진을 위한 후퇴, 정면으로의 전진을 위한 측면으로의 전진, 직진을 위한 우회는 군사 행동에 있어 피할 수 없다.

또한 그는 이렇게도 말한다.

전략적 퇴각의 목적은 아군을 보존하여 반격을 준비하는 데 있다. 강서성 근거지를 잃은 것은, 그저 진지는 지키려고만 하고, 적의 후방을 공격하든지, 적을 깊이 끌어들여 병력을 집중하여 공격하든지 하는 등의 행동을 하지 못했기 때문이다. 그래서 소극적 방어는 사실상 가짜 방어이고 적극적 방어만이 진정한 방어다. 적극적 방어란 반격 및 진격을 위한 방어다. 제일 무모한 이나 멍청한 이가 소극적 방어(수비 방어)를 보배처럼 받들곤 한다.

상대의 움직임에 따른 기동, 후방 교란, 유인 및 집중타격, 이것이 바로 모택동의 전술이자 오자서의 전술이다. 그러나 그의 유격전술은 채택되지 않았다. 드디어 1934년 초반부터 긴 탈출 대오가 강서성의 근거지를 탈출하여 서쪽으로 이동했다. 그때도 탈출 대오를 지휘한 지도부는 소련 유학파 공산주의자들을 이끌던 박고博古와 그의 고문인 오토 브라운이었다.

이때 공산당 지도부에서는 반성이 일었다. 소련과 중국의 구체적인 정세는 달랐다. 중국의 공산혁명군은 농민들이 주력이었고, 이들의 무장 수준이란 사실상 보잘것없었다. 그들은 모택동이 지휘할 때

부분적이지만 계속 승리를 거두었던 일을 떠올렸다. 모택동의 생각은 명확했다. "지금은 유격전을 벌일 때다." 그러나 그가 발언할 분위기는 아직 무르익지 않았다. 박고는 소련에서 온 '선진 이론'을 따르는 중이었고, 모스크바가 파견한 군사고문의 의견은 건드리기 껄끄러운 점이 있었다.

8만 명 이상의 병사, 1만 5천 명의 당 간부들이 근거지를 탈출하여 서쪽으로 달렸고, 아주 일부는 근거지에 남아 토벌군을 괴롭혔다. 처음에는 곧장 서쪽으로 달렸다. 뻔히 보이는 길을 따라 달아나는 이 행렬 위로 비행기에서는 편안히 폭탄을 떨어뜨렸고, 추격군도 계속 따라잡아 뒤를 괴롭혔다. 중국 대륙 서남쪽 끄트머리 귀주성貴州省까지 달아나자 공산군(홍군)의 명도 거의 끝나는 듯했다. 1935년 1월 7일, 장정을 시작한 지 1년이 다 되어가는 시점에 귀주성 준의遵義에서 그들의 운명을 가르는 회의가 열린다. 모택동은 자신이 다시 무대에 오를 시기가 무르익었음을 예감했다.

박고의 기조 보고가 끝나자, 모택동은 즉각 "좌경 모험주의로 인해 근거지를 잃고 군대가 붕괴할 뻔했다"고 바로 공격했다. 진지전, 전면대결, 조급증 따위가 지금의 패배를 불렀다는 것이다. 주은래周恩來, 주덕 등도 바로 모택동의 의견을 지지했다. 모택동을 지지하는 사람들이 너무 많아서 박고는 변명도 제대로 하지 못했으며, 이 회의에서 모택동은 군대 통수권을 넘겨받았다. 명목상으로는 주은래, 왕가상王稼祥과 함께 3인이 함께 지휘하는 것이었지만 왕가상은 중병을 앓고 있었고, 주은래는 모택동을 절대적으로 신임했으니 사실상 군대는 그의 수중에 들어온 것이었다.

그리고 즉시 변화가 생겼다. 그날 이후 이제까지 예측 가능한 경로를 따랐던 공산군의 퇴각행렬은 도무지 종잡을 수가 없이 바뀌었다. 갑자기 북쪽으로 올라갔다가, 서쪽으로 꺾더니, 동쪽으로 돌고 남쪽으로 내려왔다. 그러고는 꼬불꼬불한 길을 따라 다시 서쪽으로 이동했다. 퇴각 경로를 파악하기 힘들어지자 추격군은 쉽사리 군사행동을 취하지 못했다. 오자서는 이렇게 말했다.

> 몰래 (어두운 곳에서) 북을 쳐서 상대의 귀를 공격하고, 드러내놓고 진을 쳐서 그들의 눈을 두렵게 하고, (용도와) 다른 깃발들을 늘여놓아서 실제 진이 아닌 것으로 속입니다.

모택동은 지금 이 전술을 쓰면서 퇴각했다. 드디어 히말라야의 동남쪽 끝의 험준한 산맥까지 퇴각했을 때 천군만마를 얻는 일이 일어났다. 혁명원로인 장국도張國燾가 이끄는 홍군 제4방면군이 도착해서 합류한 것이다. 당시 모택동은 중앙군을 거느리고 있었지만 모양은 볼 것이 없었다. 고작 패잔병 무리 만 명을 이끄는 정도였다. 그러나 장국도는 그보다 몇 배의 온전한 군대를 거느리고 있었다.

장국도는 더 서쪽으로 티베트 접경 일대에서 근거지를 마련하자고 주장했지만 모택동은 반대했다. 그는 무작정 서쪽으로 달아나려 하지 않았다. 비록 지금은 생존이 목적이지만 오래지 않아 반격의 순간이 올 것이라는 것을 의심하지 않았다. 그는 북동쪽으로 크게 방향을 틀어서 섬서성으로 들어가고자 했다.

모택동이 지금 들어가려는 섬서성, 즉 관중의 자세는 호리병같이 생겨서 동쪽에서 들어가서 치기는 대단히 어려운 반면 기회를 보아 나오기는 쉬운 곳이었다. 또한 그곳의 황토지대에는 인구가 많았다. 티베트와 맞닿은 사천 지역은 숨기는 쉬우나 밖으로 치고 나오기는 어려운 곳이다. 그는 옛날 유비를 비롯하여 수많은 지도자들이 촉에서 밖으로 나오지 못해 실패한 사실을 너무 잘 알고 있었다.

장국도가 그의 의견을 따르지 않자 모택동은 과감하게 그와 헤어져 섬서성으로 향했다. 결국 우여곡절 끝에 섬서성 보안保安에 도착해 인원을 점검하니 남은 이는 겨우 8천 명이었다. 2만 5천 리를 걸어서 결국 그 옛날 진이 전국을 통일할 기반으로 삼았던 땅으로 들어온 것이다. 그러자 패잔병들이 속속들이 모여들었다. 그들은 방어에 좀더 유리한 연안延安으로 옮겨 전열을 정비했다. 장개석의 집요한 추격을 장정을 통해 벗어난 것이다.

모택동을 스스로 이 장정을 이렇게 평가했다.

> 홍군은 원래의 진지를 보존한다는 면에서는 실패했지만, 장정 계획을 완수한 면에서는 승리했다. 장정은 선언서이며, 선전대이고, 혁명의 파종이라고 할 수 있다. 반고가 천지를 개벽한 때부터 삼황오제를 거쳐 지금에 이르기까지 역사상 우리의 장정과 같은 것이 있었던가? 그러면 누가 장정을 이끌 수 있었는가? 그것은 공산당인 것이다.
>
> -〈일본제국주의를 반대하는 전술에 대하여〉, 1935년 12월 27일

대의에 호소해 세력을 키우다

그럼에도 이 달아난 물고기가 살기에 연안은 좁은 연못이었다. 장개석이 보기에 연안에 갇힌 물고기를 잡는 것은 여전히 시간문제로 보였다. 그런데 이때 새로운 변수가 등장한다. 1931년 만주사변으로 만주를 장악한 일본이 1933년 열하(熱河)를 침공하여 화북 침략의 야심을 드러내고 공공연히 화북을 합병할 낌새를 보였던 것이다.

오래전에 중국 동북 지역에 대륙을 향한 교두보를 마련한 관동군은 점차 본토에서도 통제할 수 없는 전쟁광으로 치닫고 있었다. 군인들은 전쟁을 먹고 산다. 이들은 전쟁을 통해 계속 몸집을 불리고 있었고, 물론 남경에 근거지를 둔 국민당 정부도 이들의 동태를 예의주시하고 있었다. 장개석은 몸이 달았다. 그는 공산당의 근거지를 일소하기 전까지 일본군이 제발 움직이지 않기만을 희망했다.

하지만 모택동은 이 기회를 놓치지 않았다. 그들은 구실이 있었다. "일본이 동북을 이미 굳히고, 화북으로 진출하고 있는데 동족끼리 싸우고 있을 것이냐? 즉시 공산당에 대한 공격을 중지하고 함께 대일 항전 태세로 들어가자." 이 구호는 아편전쟁 이래 중국이 제국주의 열강에 무수히 난타당하는 것을 보아온 애국주의 세력들에게 커다란 공감을 불러 일으켰다.

물론 장개석은 이 구호를 독 안에 갇힌 생쥐의 비명 정도로만 여겼다. 그러나 모택동은 끊임없이 장개석 진영 내부의 균열을 파고들었다. 그는 가만히 패배를 기다릴 사람이 아니었다. 그는 한손에는 총을 들고 한손에는 붓을 들었다. 그는 끊임없이 장개석이 일본군을 버려두고 내전에 집중하는 것을 이적행위라고 보았다. 그리고 그는 민주주의를 들고 나왔다.

> 튼튼하고 진정한 중국항일민족통일전선을 결성하고 그 임무를 완수하자면 민주주의 없이는 안 된다.
> ― 〈항일시기에 있어서 중국공산당의 임무〉, 1937년 5월 3일

오늘날 다시 생각해보면 모택동은 얼마나 진심을 가지고 민주주의를 언급했는지 의심스럽다. 그러나 당시에는 이런 주장이 지식인들의 마음에 파고들었다. 그는 연이어서 이런 성명을 발표했다.

> 우리는 전국 인민이 총동원되는 완전한 민족혁명전쟁―혹자는 전면항전이라 부른다―을 주장한다. 국민당이 주장하는 부분 항쟁은 불완전하며, 반드시 전쟁을 실패로 이끌게 될 것이다.
> 화북에서는 국민당을 주체로 한 정규전이 이미 끝났고, 공산당을 주체로 한 유격전이 중요한 위치를 차지하게 되었다.
> ― 〈상해, 태원 상실 이후 항일전쟁의 정세와 임무〉, 1937년 11월 12일

일본은 침략전을 개시하여 장개석의 후방을 치면서 궁지에 몰린 공산당을 살렸다. 일본으로서는 적(국민당과 공산당)이 분열하고 있을 때, 중국을 삼키고자 했을 것이다. 그러자 모택동은 국공합작을 들고 나

왔다. 국민당과 공산당이 힘을 합쳐 일제에 대항하자는 것이었다. 장개석은 이를 갈았다. 사실상 다 이긴 싸움이었던 것이다. 그러나 장개석이 모택동에게 집중할수록 더 많은 애국인사들이 장개석으로부터 등을 돌렸다. 바로 지휘관과 병사들 사이의 거리가 벌어진 것이다. 오자서는 싸움을 하려면 "나는 옳고 너는 그르다"는 의식을 확고히 해야 한다고 말했다. 이렇게 모택동은 '민주주의'와 '항일연합전선'을 기치로 대의를 선점했다.

남동쪽에 기반을 둔 장개석은 동북과 서북의 군벌을 이용해 공산군의 근거지를 협공할 계획을 세웠다. 동북군벌 장학량, 서북군벌 양호성에게 장개석의 명령이 떨어졌다. 그러나 이들은 쉽게 군대를 움직이지 않았다. 군벌이란 이익에 민감한 이들이다. 공산당 군대를 이겨서 얻을 것은 무엇인가? 공산군은 가난하고, 그들의 근거지에서 뽑을 것도 마땅치 않다. 동시에 그들을 친다면 자기 진영의 '애국 사병'들이 들고 일어날 것이다. 또한 장학량과 양호성 역시 중국인이었다. 장학량은 자기의 근거지인 동북을 일본이 완전히 장악하는 것이 두려웠다. 모택동은 항일전쟁과 동시에 국민당 내에 분열이 일어날 것을 확신했다. 그리고 예상대로 분열이 일어났다.

공산당 토벌을 계속 주저하는 이들을 격려하기 위해 1936년 겨울, 장개석의 비행기가 서안에 도착했다. 그는 점잖게 장학량을 나무라고는 모택동을 칠 것을 종용했다. 그러나 사태는 그의 예상대로 돌아가지 않았다. 그가 온 지 일주일이 된 12월 12일, 장학량은 돌연 동북군을 움직여 장개석을 감금했다. 그리고 8개항의 요구조건을 내걸었다. 그 내용은 한마디로 "내전을 당장 멈추고 일본과 싸우라"는 것이었다.

이제 공산당 측의 반응은 어떨까? 장개석을 가둔 장학량과 힘을 합칠 것인가? 그러나 그들은 작은 것을 버리고 큰 것을 취하는 방침을 세웠다. 싸움에서 승리하기 위해서는 아군이 "적은 그르고 오직 우리가 옳다"는 정신으로 무장해야 한다. 모택동은 전략가였다. 정말 적이 그르다는 것을 만방에 포고할 기회가 온 것이다.

연안에서 파견된 주은래는 의외의 주장을 펼쳤다. "장개석을 당장 석방하고 함께 일본과 싸우자." 이리하여 지금까지 장개석을 매국노라 공격하던 태도를 싹 바꾸었다. 왜 그랬을까? 그것은 여론 때문이었다. 장개석 하나를 가두어두는 것은 실제로 도움이 되지 않았다. 그리하여 장개석은 풀려났다. 이른바 제2차 국공합작이 탄생한 것이다.

후퇴하는 적의 뒤를 끝까지 추적한다

그 이듬해 1937년 7월 7일, 일본 군국주의자들은 과연 전면전을 일으켰다. 선전포고도 없이 전쟁이 시작되자마자 일본군은 압도적인 화력을 자랑하며 중국본토를 장악해나갔다. 한 달이 안 되어 북경과 천진이 넘어갔고, 8월에 일본군이 상해에 투입되었다. 상해는 국민당 정부의 자금줄이었다. 상해가 무너지자 일본군은 남경으로 향했다. 장개석은 바로 남경을 버리고 중경으로 퇴각했다. 그리고 남경에서는 아직도 얼마인지 집계가 안 될 정도로 무수한 민간인이 학살되었다.

수도를 버리고 떠난 지도자 대신 민간인이 대규모로 학살되었을 때, 그 지도자는 결국 대가를 치르게 되어 있는 것이 역사의 상도다. 다시 더 서쪽 무한武漢에서 수십만 명이 동원되어 일본군의 진격을 막으려 했지만 또 실패했다. 물론 광주廣州도 이미 넘어간 상황이었다.

이렇게 국민당의 군대가 무수한 인명을 희생하며 가끔은 적을 저지하고, 대개는 패해서 땅을 내줄 때 연안 근거지의 공산당 부대는 무엇을 하고 있었을까? 중일전쟁 발발 후 1940년까지 공산군이 한 일은 사실상 자신들의 세력을 보호하면서 근거지를 확장하는 것이었다.

처음에는 그렇게 함께 싸우자고 주장했지만, 막상 국민당 군대가 혈전을 벌이며 패배할 때 그들은 슬그머니 뒤로 물러나 있었기에 그들이 입은 손실은 크지 않았다. 어떤 이들에 의하면 모택동이 "70퍼센트는 세력을 확장하고, 20퍼센트는 국민당에 대응하고, 10퍼센트는 일본에 대항한다"●는 방침을 가지고 있었다고 한다.

그러나 그도 변명거리가 있었다. 그는 북쪽에 있기에 화북을 방어해야 하는 소임이 있었다. 일본군은 처음에 공산당을 그저 부차적인 존재로 보아서 먼저 국민당 정부의 중심지에 주력을 투입했다. 그러나 그들의 판단은 오산이었다. 공산군은 장비는 보잘것없었지만 정신무장이 잘 된 병사들로 구성되어 있었다. 그리고 상황은 바뀌고 있었다. 일본군이 화북으로 들어와 본격적으로 이 땅을 소화시키는 작업에 들어가자, 지금껏 일본과 국민정부(중경정부) 사이에서 줄타기를

● 이매뉴얼 쉬, 조윤수・서정희 옮김, 《근현대 중국사(하)》, 까치글방, 2013, 723쪽.

하고 있던 공산군의 유격활동도 따라 강화되었다. 1940년 일본군 내의 한 보고서는 그때의 상황을 이렇게 묘사한다.

> 중경군(국민당군)은 비교적 쉽게 격파할 수 있었지만 퇴피분산退避分散 전법을 취하는 중공군을 포착·격멸하는 것은 매우 곤란했다. 게다가 중공군은 일본군의 공격력을 교묘하게 비켜가면서 대신 중경군의 머리 위로 유도하는데 노력하거나, 스스로 중경측 세력을 공격·잠식해서 지반을 넓혀가고 있으며, 민중을 조직해서 확군 공작을 행하고 급속하게 당군 세력을 확대했다.
> - 일본측 보고서, 〈북지나의 치안전北支那の治安戰〉**

모택동의 전술은 여전히 유격전에 근거를 두고 있다. 그의 퇴피분산전법은 상대의 움직임에 따라 우리도 움직이는 오자서의 전술의 응용이다. 모택동은 또 이렇게 주장했다.

> 그러나 적군은 비록 강하지만 수가 많지 않고 아군은 약하지만 수가 많다. 게다가 적들은 타민족으로서 우리나라에 침입했으며, 우리는 자국에서 타민족의 침입에 저항하고 있다.
> 우리는 병력분배에 있어서 부차적인 병력으로 적의 여러 노선을 견제하고, 중요 병력으로는 적의 한 노선에 대처하며 전역과 전투에서의

●● 윤휘탁, 《중일전쟁과 중국혁명》, 일조각, 2003, 59쪽에서 재인용.

습격전법(주로 매복전)을 취하여 적이 활동을 하고 있을 때 적에게 타격을 주어야 한다.

우리는 현縣 소재지 혹은 소도시를 포위하여 그 식량원천과 교통연락망을 차단하고 적이 더는 지탱할 수 없게 되어 퇴각할 때 기회를 타서 추격해야 한다.

- 〈항일유격전쟁의 전략문제〉, 1938년 5월

오자서는 이렇게 말했다. "적의 전위와 후위가 호응할 수 없도록 갈라놓고 괴롭히다가, 완전히 지친 적이 퇴각할 때 들이친다." 이렇게 모택동은《오자서병법》을 자유자재로 응용했다. 그런데 그의 진정한 천재성은 바로 응용을 넘어 재창조할 때 발휘된다.

1940년 8월, 한차례의 대규모 반격이 개시되었다. 이른바 백단대전百團大戰이라 불리는 이 싸움에서는 약 40만 명의 인원이 동원되어 일본군을 공격했다. 공산군의 유격전술에서 이 정도의 동원은 쉽게 볼 수 없던 규모다. 단순한 유격전에서 일종의 전면적인 운동전으로의 전환이었다.

그러나 이 싸움도 철저히 계산된 것으로서 적의 주력과 싸우는 것이 아니라 적의 보급선과 시설물을 파괴하는 것을 목표로 했다. 더욱이 일본군 입장에서는 국민당군을 상대하느라 화북보다 화남에 훨씬 많은 병력이 밀집되어 있었고, 광범위한 화북을 방위하기 위해서는 세력을 분산시킬 수밖에 없었다. 분산되어 근거지를 지키는 적을 몇 배의 병력으로 공격하고, 분산된 적이 서로 힘을 합치지 못하게 하는 것이 모택동의 유격전, 나아가 운동전의 핵심이었다.

적이 진격하면 나도 진격한다

모택동이 대규모 반격까지 기획할 수 있었던 것은 이길 수 있다는 그의 확신 때문이었다. 그리고 아래의 논설을 통해 모택동은 오자서의 유격전을 유격-지구전으로 발전시켰다.

> 전쟁의 전반기에 있어서 우리는 모든 큰 결전을 피하고 먼저 운동전으로써 적 군대의 정신과 전투력을 점차 파괴해야 한다.
> 작전에 있어서 우리는 많은 병력으로써 적은 병력을 공격하며, 속전속결의 방침을 취해야 한다. 속전속결을 치르기 위해서는 일반적으로 주둔하고 있는 적을 칠 것이 아니라, 움직이고 있는 적을 쳐야 한다. 우리가 이동 중에 있는 적은 공격하기 쉽다고 말하는 것은 적이 무준비 상태에 있기 때문이다.
> 우리는 적의 눈과 귀를 될 수 있는 한 틀어막아 그들을 소경과 귀머거리로 만들고 그들 지휘관의 마음을 될 수 있는 한 혼란시켜 그들을 미치광이로 만들어 승리를 쟁취해야 한다.
> 국가의 운명을 내걸고 하는 전략적 결전은 절대 피해야 한다. 결전을 하지 않으려면 국토를 포기해야 한다는 것은 의심할 바 없는 사실이다. 불가피한 상황에서는 국토를 용감하게 포기할 수밖에 없다.

준비되지 않은 적을 치는 것, 전력을 집중해서 약한 부위를 빠르게 치는 것, 거짓 정보로 상대를 혼란시키는 것, 그리고 결정적인 순간까지 결전을 피하는 것, 전략적인 후퇴를 감내하는 것, 이 모든 것이 오자서가 미리 말했던 방법이다.

모택동은 또 이렇게 주장한다.

> '무저항주의'라고 사람들에게 욕을 먹는 것이 두렵지 않냐고? 전혀 두렵지 않다. 전혀 저항하지 않는 것이 무저항이지, 아군의 주력을 적의 일격으로부터 보호하여 계속 싸울 수 있도록 하기 위해, 간단히 나라의 멸망을 막기 위해 후퇴하는 것은 전적으로 필요한 것이다.
>
> ― 〈지구전을 논함〉, 1938년 5월

최후의 승리를 위해서 후퇴하는 것은 무작정 달아나는 것과 다르다. 모택동은 아돌프 히틀러Adolf Hitler가 패망할 것을 예언했는데, 이 예언은 그대로 적중했다. 그가 보기에 일본도 히틀러의 전철을 밟고 있었다.

> 히틀러는 서부 전선(서유럽 일대)에서 이기고 나서 승리에 도취해 삼 개월 내에 소련을 패배시키려 했다. 북쪽의 무르만스크에서 남쪽의 크리미아에 이르는 전 전선에서 이 광대하고 강력한 사회주의 국가를 향해 전면적인 공격을 개시하고, 그러기 위해 그 병력을 분산시켰다. (소련 전선 내부에서) 동쪽으로 볼가강을 차단하고 남쪽으로 카프카스

를 공략한다는 두 가지 목적을 일시에 달성하려고 여전히 그 병력을 분산시켰다.

― 〈제2차 세계대전의 전환점〉, 1942년 10월 12일

    모택동이 보기에 그 분산의 대가는 역시 패망이다. 그러나 백단대전의 결과 일본은 공산군의 존재를 더 의식하게 되었고, 공산군은 국민당군보다 훨씬 강한 일본군과 점점 더 격렬하게 싸울 수밖에 없었다. 일본군은 기존에 점을 지키던 전략을 수정해 군대를 선으로 연결하여 서쪽으로 진격해나아갔다. 공산군으로서는 역시 중과부적이었다. 화력으로는 도저히 상대할 수 없었기에 전선은 점점 서쪽으로 이동해갔다. 일본은 유격전의 근거지를 없애기 위해 악랄한 삼광三光정책*을 써서 유격 근거지들을 무인지대로 만들어버렸다.

    이때 등장한 것이 "적이 진격하면 나도 진격한다"는 적진아진敵進我進 전략이다. 여기서 모택동의 창조성이 빛을 발한다. 얼핏 들으면 적이 나오면 같이 달려들어서 사생결단을 낸다는 뜻으로 들리지만 실상은 전혀 달랐다. 계속 후방으로 달아날 수 없었기에 유격대를 적의 전선 후방으로 들여보내는 전략으로, 사실은 모택동이 계속 써왔던 유격전술의 전형이었다. 적이 깊숙이 전진하면 적의 전위와 맞싸우는 대신 적의 후방을 치는 것은 오자서식 유격전의 한 형태다.

---

* 모두 죽이고, 빼앗고, 불태우는 작전으로 공산군의 배후 촌락을 철저히 파괴하는 것으로, 한 학자에 따르면 이로 인해 270만 명 이상의 중국 민간인이 살해되었다고 한다.

아무리 일본군이 훈련이 잘 되어 있다고 하더라도 손에 손을 맞잡고 전진하지 않는 이상 전선에 돌파할 틈은 있었다. 또한 그들이 아무리 잔인해도 이미 자신들의 후방이 된 곳을 이중으로 파괴할 명분은 없었다. 그러면 화북 인민 전체가 그들의 적이 될 판이었다. 유격대는 일본군의 후방으로 들어가 점령된 지역을 근거지로 다시 활동하기 시작했다. 그들의 표현대로 도저히 다 쫓아낼 수 없는 '파리 떼'와의 싸움이 개시된 것이다. 파리채를 들면 흩어지고, 내리면 또 달려들었다.

동시에 외부 상황은 점점 더 좋아졌다. 두 적, 즉 일본군과 국민당군 진영 양자 모두에서 다시 균열이 보였다. 일본군은 태평양 전쟁 때문에 중국에서 대규모 전쟁을 수행하는 것을 점점 부담스러워했다. 유격대는 이 틈을 놓치지 않고 계속 그들을 괴롭혔다.

또 국민당 군대는 전쟁 초기 극심한 피해를 입으며 일본군과 싸웠지만 무능력도 함께 드러냈다. 그들은 반격을 위한 퇴각이 아니라 그저 달아나는 것처럼 비쳤고, 전쟁 자금을 대느라 점점 미국에 의지하기 시작했다. 그러나 미국은 국민당 군대의 정신상태를 점점 더 못마땅해했다. 공산유격대는 빠르고, 활기차보였으며 사명감으로 뭉쳐 있었다. 무엇보다 그들은 승리를 확신하고 있다는 점이 강점이었다.

반면 장개석과 대 일본 전선을 담당하는 미국인 사령관은 계속 삐걱거렸다. 그들의 보기에 장개석은 여전히 일본보다 모택동에게 관심이 많은 것 같았다. 물론 모택동도 일본보다 다가올 내전이 더 관건이라고 보았지만, 그는 겉으로는 속내를 드러내지 않았다. 이렇게 공산당 지도하의 항일 유격대의 수는 계속 늘어났고, 그가 장담했듯이 일본의 패색이 짙어질 당시 그들이 담당하는 전선의 길이도 늘어났다. 사람들은 이미 초기 엄청난 희생을 감내한 국민당 군대보다 뒷심을 발휘하고 있는 공산당 군대에 더 호의적이었다. 그리고 결정적으로 공산당은 토지개혁을 약속하고 있었다.

 사실 장개석도 어느 시점부터는 목숨을 걸고 일본과 싸우고 있었다. 그러나 모택동은 여론의 동정을 받았고, 장개석은 계속 여론의 질타를 받았다. 그리고 1941년 1월 '신사군新四軍 사건'으로 장개석의 지도력은 큰 타격을 입었다. 국민당과 공산당이 합동하여 일본에 대항한다는 대의를 따라 장강 이남에서 작전을 개시하고 있던 공산당측 신사군을 국민당 군대가 공격한 것이다. 장개석 자신은 신사군이 정지 명령을 받지 않고 계속 움직였으므로 어쩔 수 없었다고 항변했다. 그러나 이것을 믿는 사람은 별로 없었고, 외국 언론도 비난에 가세했다.

 1943년 모택동은 담화를 발표했다.

> 국민당군이 항일 통일전선을 파괴하는 것은 겉모습은 공산당에 반대하는 것 같지만 사실은 중화민족에 반대하는 것이다. "도요새와 조개가 다투면 어부가 이익을 본다"는 우화에는 진리가 있다. 당신들은 우리와 함께 일본이 점령한 지역을 통일하고 침략자를 몰아내야 한다. 그런데 어째서 이 손바닥만 한 변구邊區(공산당 자치구를 말함)를 '통일'

하려고 조급히 서두르는가?
— 〈국민당에 묻는다〉, 1943년 7월 12일

사실 장개석이 일본과는 싸우지 않고 오직 공산당군과 싸우는 데 열을 올렸다는 공산당 측의 주장은 지나치다. 예를 들어 1944년 일본은 이른바 '이치고작전—號作戰'이라는 이름으로 무려 30만 명이 넘는 군대로 호남성의 수도 장사와 주요 도시인 형양衡陽을 공격했다. 당시 적을 쏠 총알도 없는 국민당 군인들은 무더기로 죽으면서도 필사적으로 일본군을 저지했다. 중일전쟁에서 중국이 승리할 경우라도 일본인 전사자보다 중국인 전사자가 훨씬 많았다. 패배할 경우 그 비율은 끔찍하게 증가했다. 버마 전선에서는 최소한 평균 5~6배는 되었던 것으로 알려졌다.

전쟁은 결국 미국의 무자비한 일본 본토 공격으로 마무리되었다. 그러나 중국은 가장 비싼 대가를 바쳐 싸운 나라였다. 1945년 일본이 패망할 당시 일본 전체 해외 파병군인의 반 이상, 즉 무려 120만 명에 달하는 군인들이 중국 대륙에서 싸우고 있었다. 40만 명이 전사했고, 그보다 훨씬 많은 인원이 불구가 되었다. 중국측의 공식적인 사망자는 130만 명이지만 기록되지 않은 민간인을 포함한다면 그보다 훨씬 많을 것이다. 그야말로 중국은 인해전술로 일본을 저지한 것이다.

일본과의 전쟁에서 사실상 가장 큰 손실은 본 쪽은 국민당 세력이었다. 모택동은 애초 대규모 인력 손실이 발생하는 정규전을 감행하지 않았다. 승산이 없을 때는 과감하게 달아났다. 그러나 국민당 군대는 장강 유역의 대규모 도시들을 방어하느라 수십만 병력을 잃었다. 그럼에도 그들은 민심도 잃었다. 사람들은 전쟁 기간 동안 마구잡이로 찍은 돈 때문에 한 해에 몇 백 퍼센트의 물가 상승을 감내해야 했다. 가진 재산이 휴지조각이 된 사람들이 정부를 신뢰할 수는 없었다. 그리고 전쟁의 최대 동반자였던 미국은 국민당에 대한 신뢰를 거두었다. 나라가 넘어질 지경인데도 관리들은 자기 잇속을 챙기는 데 바빴기 때문이다.

마지막 승부가 시작되면 미적거리지 않는다

이제 일본이라는 변수가 사라졌다. 모택동은 주저하지 않고 다음 단계를 준비했다. 모택동이 보기에 일본은 국민당을 거의 혼수상태로 만들어놓았다. 모택동은 주저하지 않고 일본군을 무장해제시켜 그 무기를 거두기 시작했다. 일본군의 총으로 장개석과 싸울 심사였다. 장개석은 오직 '정부군'만 적을 무장해제시킬 수 있다는 포고령을 내리고, 공산군이 무장해제를 시도할 경우 일본군은 공산당에게 저항하라고 명령했다. 그러나 돌아온 것은 이런 대답이었다. "우리도 싸웠다. 침략자들을 편드는 당신은 매국노다."

> 우리는 지금도 여전히 중국(동북 지역을 제외하고)을 침략하고 있는 일본군의 60퍼센트와 괴뢰군의 95퍼센트를 상대로 싸우며 그들을 포위

하고 있다. 그러나 귀하의 정부와 군대는 지금까지 줄곧 수수방관하며 앉아서 승리만 기다리고, 실력을 보존하면서 내전을 준비한다는 방침을 취하고 있으며, 우리의 해방구와 그 군대를 인정해주지 않고 보급도 해주지 않았을 뿐 아니라 94만 명의 대군으로 우리 해방구와 그 군대를 포위 공격해왔다. 우리는 포츠담 선언에 의해 일본군의 무장을 해제하고 접수할 권한이 있다.
— 〈제18집단군 총사령이 장개석에게 보낸 두 통의 전보〉, 1945년 8월 16일

공산군이 일본군 점령지를 엄청난 속도로 접수하자 장개석도 부랴부랴 군대를 전진시키기 시작했다. 국민당은 여전히 상대의 전력은 자기들의 10분의 1에도 미치지 못한다고 큰소리쳤다. 사실 겉으로 보기에는 그랬다. 무기, 군수 물자, 정규군의 숫자에서 장개석은 확실히 우위를 가지고 있었다. 장개석은 남에게 지고는 잠을 잘 수 없는 사람이었다. 일본군이 다 죽어가는 공산군을 살려놓더니, 이제 일본군이 사라지자 고개를 들고 자신에게 도전하는 적을 도저히 용서할 수 없었다.

그러나 모택동은 오히려 더욱 자신감에 넘쳤다. 자신들은 단결되어 있지만 적은 분열되어 있었기 때문이었다.

장개석이 과감히 내전을 시작하려 해도 여러 가지 곤란한 점이 있다. 우선 첫째로 해방구에 1억의 인민, 100만의 군대, 200만여 명의 민병이 있다. 둘째로 국민당 통치지구의 각성된 인민이 내전에

반대하고 있다. 셋째로 국민당 내부에도 내전에 찬성하지 않는 사람이 일부 있다.

– 〈항일전쟁 승리 후의 시국과 우리의 계획〉, 1945년 8월 13일

　국공내전 당시 국민당군의 출발은 순조로웠다. 1946년 초 장개석은 50만 병력을 만주로 파견하여 만주의 주요 공업도시들을 접수했다. 1946년 7월부터 국민당군은 계속 진격했고, 이듬해 3월은 공산당의 근거지인 연안까지 접수했다. 장개석은 이제 전쟁은 사실상 끝났다고 선언했다.

　그러나 실패의 시작은 지나친 진격이었다. 장개석의 근거지는 어디인가? 양자강 이남이다. 그런데 그 지역을 공고히 하기도 전에 다시 군대를 그 먼 거리로 파견한 것이다. 점령지가 많아질수록 수비 병력이 많아졌고, 싸울 병력은 줄어들었다. 장개석은 다시 일본군의 실패를 따라가고 있었다. 미국인 군사고문은 점진적으로 진격해서 만주까지 보급로를 확보해야 한다고 주장했지만 장개석은 무시했다. 승리에 대한 조급증, 이것이 바로 강자의 약점이다. 미군 수송대의 지원을 받아 50만 명 군대가 만주의 도시들에 파견되었다. 미군의 무기와 일본군의 장비, 대규모 공업지대의 물자로 무장한 국민당군과 보잘것없는 공산군 소총수들의 대결이었다.

　그러나 상대는 누구인가? 유격전의 고수들이다. 그들은 달아나는 척하면서 항상 돌아온다. 모택동은 이렇게 심사를 피력했다.

장개석을 상대로 승리하는 작전방법은 일반적으로는 운동전이다. 그러므로 몇몇 지방, 몇몇 도시를 일시적으로 포기하는 것은 불가피한 일일 뿐만 아니라 필요한 일이기도 하다. 몇몇 지방, 몇몇 도시를 일시적으로 포기하는 것은 궁극적인 승리를 쟁취하기 위한 것이다.
- 〈자위전쟁으로 장개석의 공격을 분쇄하자〉, 1946년 7월 20일

적이 여러 갈래로 아군을 향해 진격해올 경우에는 아군은 압도적으로 우세한 병력, 즉 적의 6배, 5배, 혹은 4배의 전력, 적어도 적의 3배의 병력을 집중시키고 적당한 시기를 기다려 적의 한 개 여단(혹은 연대)을 포위 섬멸시켜야 한다. 이 여단(혹은 연대)은 적군의 여러 여단 가운데서 비교적 약하거나 지원이 비교적 적은 것, 혹은 그 주둔지의 지형이나 민정이 우리에게 가장 유리하고 적에게는 불리한 것이어야 한다. 아군은 이 여단을 먼저 섬멸시키는 데 유리하도록 소수의 병력으로 적군의 다른 각 여단을 견제하고 그들이 아군에 포위 공격당하고 있는 여단을 신속히 지원할 수 없게 해야 한다.
- 〈우세한 병력을 집중시켜 적을 각개 섬멸시키자〉, 1946년 9월 16일

모택동은 얼마나 배짱이 좋은지 근거지인 연안을 잃은 후에도 이렇게 이야기했다.

우리의 방침은 지금까지의 방법을 계속 쓰는 것, 즉 현재의 지구에서 일정 기간 동안 적이 더 바쁘게 돌아다니게 하는 것이며, 그 목적은 적

을 극도의 피로와 식량 결핍 상태로 몰아넣은 뒤 기회를 포착해 그들을 섬멸하는 데 있다. 급히 거점을 차지하기 위해 움직일 필요도 없다.

모택동을 이것은 '귀찮게 달라붙는 전술'이라고 칭한다. 귀찮게 달라붙는 것이 오자서와 모택동의 방식이다. 연안을 잃은 모택동은 무슨 생각을 하고 있을까? 그는 적의 후방을 노리고 있었다.

> 동지들은 며칠 안에 제359여단에 명해 남쪽을 습격할 준비를 마치게 해야 한다. 그리고 이들을 남진시켜 적의 식량 수송을 단절시켜야 한다.
> - 〈서북전장의 작전방침에 대하여〉, 1947년 4월 15일

승리할 때까지 자원을 함부로 낭비하지 않는다

국공내전에도 서서히 최후의 순간은 다가오고 있었다. 공산군은 후퇴하는 듯했지만 바로 돌아와 근거지를 되찾았고, 국민당군은 연전연패를 거듭했다. 전력차이는 급속히 줄어들었다. 모택동은 이렇게 자신했다.

> 장개석의 군대는 어느 전장에서나 다 패했다. 작년 7월부터 현재까지 11개월 동안 정규군만 해도 이미 약 90개 여단이 섬멸되었다.
> - 〈장개석 정부는 이미 전 인민에 포위되어 있다〉, 1947년 5월 30일

1948년 가을, 이제 국공내전의 승패를 가르는 대격전이 요녕에서 벌어졌다. 모택동은 승리를 자신하고 유격전에서 운동전으로의 전환을 선포했다. 상황은 모택동에게 유리했다.

우선 장개석이 자기 근거지를 버리고 제발로 적진 깊숙이 들어왔다. 또한 산동성 일대에서 공산당이 승리를 거두었기 때문에 북경에서 만주까지 이어지는 일대에 주둔하고 있는 국민당군은 남부와 동떨어져 고립되었다.

당시 국민당군 약 55만 명이 동북 지역에 고립되어 있었다. 장춘長春에 약 10만 명, 심양에 30만 명, 금주錦州에 약 15만 명 병력이 주둔하고 있었는데, 핵심지대는 화북과의 연계고리인 금주錦州였다. 그에 반해 공산단측은 임표林彪 휘하의 동북야전군 70만 명에 여타 지방 무장대 33만 명까지 합쳐 무려 103만 명이었다.

아래의 동북야전군 사령관 임표와 나영환에게 보낸 전보문 〈요심전역遼瀋戰役의 작전방침에 대하여〉(1948년 9월, 10월)는 마치 싸움이 끝난 후의 경과보고서 같은 느낌이 든다. 모택동의 예언은 그만큼 무서울 정도로 적중했다.

9월 7일자 전보
동지들이 만약 9월과 10월 두 달에 이르는 동안에, 혹은 그보다 좀 더 긴 기간 내에 금주에서 당산唐山에 이르는 적을 섬멸시키는 동시에 금주, 산해관, 당산 등 각 지점을 공략할 수만 있으면 약 18개 여단의 적을 섬멸시키는 목적이 달성된다. 이 적들을 섬멸시키기 위해 동지들은 장춘, 심양 두 곳의 적은 상관하지 말고 지금 곧 주력을 이 선9에 사용할 준비를 하는 동시에, 금주를 공략할 때 장춘, 심양에서 금주로 증원될 수 있는 적을 섬멸시킬 준비를 해야 한다. 그것은 금주, 산해관, 당산 세 지점 및 그 부근의 적들은 서로 고립되어 있어 이들을 공격, 섬멸할 것이 매우 확실하고, 금주를 공략할 때 적의 증원부대를 공격하는 것도 성공할 가능성이 비교적 높기 때문이다.

만약 동지들이 장춘, 심양에서 나오는 적을 공격하려고 신민新民 및 그 이북 지구에 배치한다면, 적은 동지들로부터 큰 위협을 받아 감히 나오려 하지 않을 것이다. 한편으로는 장춘, 심양의 적은 나오지 않을 것이고, 다른 한편으로는 금주, 산해관, 당산 등 각 지점 및 부근의 적(18개 여단)은 뒤로 물러서 금주, 당산 두 지점에 집결해버리면 동지들의 적은 병력으로는 싸우기 어렵다.

10월 10일자 전보 (요약)

심양에서 오는 지원군이 빠르면 그쪽을 집중해서 먼저 치고, 금주에서 오는 적이 빠르면 그에 집중해서 먼저 친다. 철저한 집중공격이 필요하다. 만약 적이 이동하는 와중에 금주를 떨어뜨린다면 적을 금주 방향으로 더 깊이 유인하여 친다.

지도를 참조하면서 모택동의 작전을 고찰해보자. 금주를 치면 심양과 장춘은 자연히 고립된다. 일단 심양과 장춘에다 군사를 나누어 고립시킨 장개석의 과욕이 화근이었다. 모택동은 금주를 치면 심양의

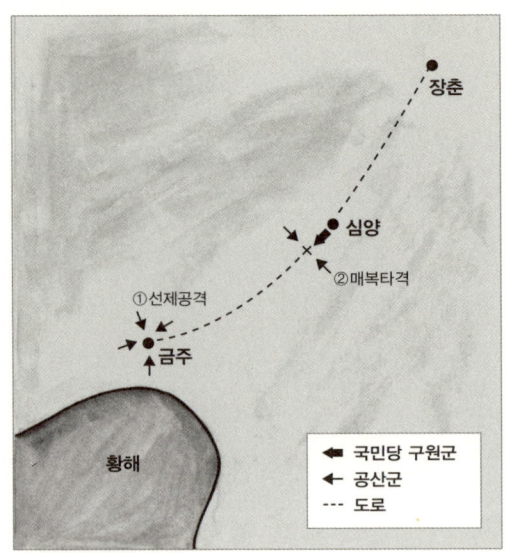

요심전역의 작전
모택동은 국민당군의 보급로인 금주를 선제공격한 후, 심양에서 구원군이 움직일 때를 놓치지 않고 매복타격을 감행했다.

지원군이 올 것을 예상했다. 심양은 일부러 심하게 압박하지 않고, 충분히 먼 거리에 견제 부대를 두어 함부로 움직이지 못하게만 해두었다. 심양 주둔군이 금주를 지원하러 올 때 치는 것이 훨씬 수월하다고 보았기 때문이다.

작전대로 전 화력을 집중시켜 금주를 공략하자 금주는 이틀도 버티지 못했다. 장개석은 계속 심양 주둔군에게 금주를 지원하라고 강권했다. 무거운 장비를 가진 심양 주둔군이 움직이는 길은 뻔했다. 금주를 함락시킨 공산군은 금주와 심양의 중간 지점으로 가서 매복하고, 구원군이 심양으로 가는 길마저 차단했다. 심양 주둔군은 승산도 없는 싸움을 위해 움직이다 포위되어 전원 사망하거나 항복하고 말았다.

국민당군 겨우 1만 명이 해상으로 탈출하고 나머지는 모두 사로잡히거나 전사했다. 그 후로 전황은 걷잡을 수 없이 변했다. 이제 수적으로 우세해진 공산군은 유격전에서 운동전으로 바꾸어 거침없이 장개석군을 공격했다.

모택동의 전술은 시종 크게 바뀌지 않았다. "나는 집중하고, 적은 분산시킨 후 타격한다. 적의 주력을 아군의 소수 병력으로 묶어둔다(유리한 진지를 선점하고 있었기 때문에 가능했다). 적을 충분히 아군의 근거지로 끌어들인 후 이동 중일 때 타격한다." 모두 《오자서병법》의 응용에 불과하다. 그런데도 숫자나 화력에서 절대적 우세였던 장개석은 계속 패했다.

일단 전술적으로, 왜 장개석은 항상 병력을 분산시켜서 각개격파되었을까? 그는 왜 항상 중심을 비워두고 외부에 집중했을까? 그 이유는 국민당 군대가 한 덩어리가 아니었기 때문이다. 장개석은 항상 자신의 주력은 아끼고, 다른 군벌 휘하의 장병들을 희생시키려 했다. 그러니 군대는 하나가 되지 못했다. 반면 모택동의 군대는 어떻게 하나가 될 수 있었을까? 역사학자 이매뉴얼 쉬의 평가를 요약하면 다음과 같다.

국민당 정권은 상업세와 관세로 살아가는 정권이었다. 전체 인민의 80퍼센트는 농민인데 국민당 정권하에서 농민을 위한 대책은 하나도 없었다. 특히 고용농의 목줄을 죄는 지세를 전혀 손보지 않아, 수확량의 반절을 지주에게 바치는 상황이었다. 그러니 토지개혁은 가난한 농민들에게는 엄청난 유혹이었고, 공산당은 농민들의 실질적인 욕구에 부응했다.

반면 모택동은 끊임없이 소작료 인하를 내걸었다.● 그리고 자기 군대와 인민을 결합시키려 했다. 이것은 싸움을 할 때 백성을 해치는 자, 내부 규율을 파괴하는 자들을 먼저 손본다는 오자서의 주장을 실천한 것이다. 그가 군대에 내린 훈령은 단순하다.

> **3대 규율:** 모든 행동은 지휘에 따른다. 대중의 것은 바늘 하나, 실 한 올도 취하지 않는다. 모든 전리품은 공유화한다.
> **8항 주의:** 상냥하게 말하기, 매매를 공정하게 하기, 빌린 것은 돌려주기, 파손한 것은 배상하기, 사람을 때리거나 욕하지 말기, 농작물을 망치지 말기, 여성을 희롱하지 않기, 포로를 학대하지 말기.
> ─ 〈3대 규율, 8항 주의의 재공포에 관한 중국인민해방군 총사령부의 훈령〉, 1947년 10월 10일

이 정도 소박한 규율로 넓은 중국 대륙을 장악했던 것이다. 퇴각 단계에서 반격으로 넘어가는 첫 번째 조건으로, "홍군을 적극적으로 지지하는 인민이 있어야 한다"고 주장했다. 싸움의 1차적 형태는 유격전이지만, 그 본질은 모든 우호적인 세력을 아군으로 끌어들이고 그들의 힘을 최대한 사용하는 전면전이라는 것을 깨달은 것이다.

● 모택동, 〈소작료 인하와 생산은 해방구를 지키기 위한 두 가지 중요한 일이다〉, 1945년 11월 7일.

《오자서병법》의 이야기도 다르지 않다. "사용할 수 있는 모든 자원을 이용해서 승리를 쟁취해야 한다. 그러나 최후의 승리를 얻을 때까지 자원을 함부로 써서는 안 된다."

그렇기 때문에 모택동은 《오자서병법》을 20세기에 적용하고 발전시킨 최고수였다.

말 위에서 얻은 것은 말 위에서 지킬 수 없다

이제 이 장을 마무리할 시간이다. 본론에서 이야기한 것을 따로 강조하는 대신, 나는 국공내전에서 승리한 후 모택동이 걸은 길을 되짚어보며 이 책의 결말을 맺고자 한다.

그는 분명 항일전쟁과 내전 모두에서 승리했다. 그러나 그가 말한 민주주의와 자유는 중국인민들에게 주어지지 않았다. 대약진 시기의 동원과 파괴, 문화대혁명의 광풍을 주도한 사람이 바로 그였다. 그 때문에 얼마나 많은 무고한 사람들이 희생되었는가? 수많은 측근들이 방식을 바꾸자고 말했지만 모택동은 오히려 그들을 우파로 매도하고 공격했다. 그의 방법은 싸움의 방법, 전쟁의 방법이었다. 싸움이 끝난 후에도 싸움의 방법을 고수하자 돌아온 것은 평화가 아닌 비참한 가난과 불신이었다.

자, 우리는 승리했다. 그렇다면 재빨리 말을 버리고, 삶의 상도常道로 돌아가야 한다. 자고로 싸움을 좋아해서 끝이 좋은 사람은 없었다. 인생에는 단 한 번의 싸움과 단 한 번의 승리만 필요하다. 나머지 시간은 행복을 즐기는 것이다. 노자는 이렇게 말했다.

> 무기란 성스럽지 못한 기물이며, 부득이하게 쓸 때는 예리하게 속전속결하는 것을 최고로 치니, 군사를 쓰는 것을 미화하지 말라. 만약 군사軍事를 미화한다면 이는 살인을 즐기는 것이요, 무릇 살인을 미화하는 자는 천하에서 뜻을 이룰 수가 없다.

우리가 삶의 상도를 지키며, 부득이한 순간에 포악한 상대를 제압한다며 우리를 비난할 사람은 없을 것이다. 오자서도 그런 도를 알고 있었다. 마지막으로 순자의 말을 옮기며 이 글을 마친다.

> 어진 이의 군대는 속일 수가 없다. 기껏 태만한 군대, 지친 군대, 상하의 사이가 흐트러지고 덕을 떠난 상대라야 속일 수 있다. 그러니 폭군 걸桀의 군대로 걸을 속인다면 속임수의 세련됨과 졸렬함에 따라 요행을 바랄 수 있다. 그러나 걸의 군대로 성군 요堯의 군대를 속이려 한다면, 이는 비유하자면 마치 바위에 계란을 던지고 손가락으로 끓는 물을 휘젓는 격이며, 물이나 불로 뛰어들어 타거나 익사하는 것과 같다.
> ─《순자》,〈의병義兵〉

부록

- 오자서와 《오자서병법》
- 《오자서병법》 원문

부록 | ◆ 오자서와 《오자서병법》

오나라를 패자로 만든 전략가의 탄생

오자서는 춘추시대 말기 초나라의 명문 거족 출신의 인재였다. 기원전 6세기 말, 오씨 가문이 한창 번영을 누릴 즈음 초나라에는 비무극이라는 무서운 간신이 국정을 농단하고 있었다. 이 자는 왕의 곁에 붙어서 모함으로 초나라의 명망가들을 절단 내는 것이 특기였다. 그의 표적에는 오자서의 아버지 오사(伍奢)도 있었다.

　오사는 초나라 평왕(平王)의 태자를 가르치는 스승(大師)이었고, 마침 비무극은 그를 보좌하는 '작은 스승(少師)'이었다. 평소 오사를 시기하던 비무극은 평왕에게 이렇게 태자와 오사가 모반을 꾸미고 있다고 참소했다. 당시 오사와 태자는 변방을 방위하고 있었다.

"태자와 오사가 장차 주둔지의 세력을 이끌고 반란을 일으키려 하고 있습니다. 저들은 자기들 실력이 송나라·정나라와 버금간다고 생각하고는, 제齊나라와 진晉나라의 도움을 받아 우리나라를 해치려 합니다. 모의는 모두 꾸며졌습니다."

왕은 비무극의 참소를 믿고 오사를 소환하여 심문했다. 그러나 오사는 당당히 태자를 변호하고 왕을 책망했다.

"왕께서 태자와 혼인하기로 한 진秦나라 공녀를 가로챈 과실도 작지 않사옵니다. 어찌 또 참언을 믿으시옵니까?"

사실 평왕은 자기 아들의 처가 될 진나라 공주를 가로챈 적이 있었다. 왕은 일단 그를 돌려보냈지만 오사가 바른 소리를 하는 것이 오히려 반란의 근거라고 여겼다. 거듭되는 참소를 믿고 왕은 기어이 태자와 오사를 소환해서 죽이려 했는데, 태자는 망명하고 오사만 잡혀왔다. 그런데 비무극은 오사의 아들들까지 죽여 오씨 집안의 뿌리를 없앨 심사였다.

"오사의 아들들은 재주가 뛰어납니다. 만약 저들이 오나라로 달아난다면, 반드시 우리 초나라의 우환이 될 것입니다. 여기 오면 아비를 용서해준다는 구실로 아들들을 부르시지요. 그들은 효성스러우니 반드시 올 것입니다. 안 그러면 장차 걱정거리가 될 것입니다."

왕 역시 곧이곧대로 그 말을 채택해 사람을 보냈다.

"그대들이 온다면 아비를 석방해주리라. 오지 않으면 내가 아비를 죽이리라."

오사에게는 상尙과 원員 두 아들이 있었는데, 둘째아들 원이 바로 오자서다. 참담한 소식을 접한 형은 당장 달려가려 했다. 그러나 동생 자서의 생각은 달랐다.

"저들이 우리 형제를 부르는 것은 아버지를 풀어주려는 것이 아니라 우리가 달아나 후환이 될까 두렵기 때문입니다. 그래서 아버지를 인질로 잡고 우리 형제를 속이는 것입니다. 우리 둘이 가면 삼부자가 모두 죽음을 당할 것인데 아버지의 생명에 무슨 도움이 되겠습니까? 가면 원수를 갚을 수 없습니다. 다른 나라로 달아나 힘을 빌려 아버지의 치욕을 갚는 것이 낫습니다. 모두 죽으면 아무것도 할 수 없습니다."

그러나 형은 아우를 타일렀다.

"원아, 너는 오나라로 달아나라. 나는 아버님께 돌아가 죽으리라. 나는 지혜가 너에 못 미친다. 나는 죽을 수 있고, 너는 복수할 수 있으리라. 아버지를 풀어준다는 말을 듣고 당장 달려가지 않을 수도 없고, 어버이가 도륙당하는데 되갚지 않을 수도 없다. 아버지를 버릴 수는 없고 명예도 포기할 수 없다. 원아, 너는 앞으로 노력해야 한다."

이렇게 오자서는 아버지와 형을 잃고 눈물을 삼키며 동쪽으로 달아났다. 아버지와 형에 대한 복수를 기약하며 오나라로 가 기회를 엿보던 그는 왕권을 노리던 오나라 실력자 합려의 눈에 들었고, 합려가 쿠데타를 일으켜 새 왕이 되는 것을 도우면서 오나라의 실력자가 된다.《오월춘추吳越春秋》에는 합려의 부름을 받았을 때 그의 비통한 심정이 그려져 있다. 오자서는 눈물을 줄줄 흘리며 이렇게 말했다.

"신은 초나라에서 도망 나온 포로에 불과하옵니다. 아버지와 형을 잃고도 그 뼈를 묻어주지 못해, 그들의 혼령이 제사를 받지 못하게 하였사옵니다. 죄를 뒤집어쓰고 치욕을 견디며 대왕께 목숨을 맡겼사옵니다. 다행히 죽음을 받지 않았사온데 어찌 감히 정사에 끼어들겠습니까?"

처음에는 이렇게 겸손했지만, 막상 그를 등용하자 책략은 무궁무진하여 막힘이 없었다. 왕이 된 합려는 이제 오자서를 스승으로 삼아 초를 공략하기 시작한다. 오자서의 전략은 작은 세력이 큰 세력을 이기는 방법, 바로 유격전이었다. 당대 최고 사서인 《좌전左傳》에는 오자서의 진언이 실려 있다.

"초나라의 정치를 담당하는 이들이 많고, 서로 마음이 맞지 않사오니, 아무도 책임을 갖고 외침을 막을 수 없을 것입니다. 우리가 만약 삼군三師을 편성하여 공격하는데, 우리의 일군一師만 도착해도 저들은 반드시 전군을 내어 출격할 것입니다. 저들이 출격하면 우리는 돌아오고, 저들이 돌아가면 우리는 다시 출격합니다. 그러면 초는 반드시 왔다 갔다 하는 통에 길에서 지칠 것이옵니다. 우리는 들락거리며 저들을 지치게 하고, 여러 방면에서 출몰하여 저들을 속입니다. 그런 후, 저들이 완전히 피폐해질 때 우리가 삼군으로 들이치면 반드시 크게 이길 수 있습니다."

오자서는 오나라의 재상으로서 이 전략을 실행해 초나라의 수도를 점령하고 아버지와 형의 원수를 갚는다. 이렇듯 오자서는 이 거대 기획의 설계자였고, 오나라를 춘추 말기의 패자로 세운 전략가이자 정치가였다.

훗날 합려가 죽자 오자서는 선군의 아들 부차夫差를 위해서 다시 봉사했지만, 부차는 아버지의 기량을 따르지 못했기에 월越나라와의 대치 정국에서 거듭 패착을 두었다. 늙은 오자서는 부차의 실정에 대해 충간을 거듭했으나 오히려 왕의 눈밖에 나서 억울하게 살해되고 말았다. 그러나 순자를 비롯한 전국시대의 수많은 사상가들이 오자서의 기량과 충정을 기렸고, 전략가들은 그의 방략을 배우기 위해 힘썼다.

유격전을 상세히 밝힌 최고의 병서

같은 시대에 활동했다고 하지만 종적이 묘연한 손무와 달리 오자서는 《좌전》을 비롯한 사서에 단골로 등장하는 위대한 전략가다. 그래서 혹자(대표적으로 청淸대의 모정牟庭)는 《손자병법》도 오자서가 지은 것이 아닌가 추측하기도 했다. 어쨌든 《한서漢書》〈예문지藝文志〉 병가류에 "《오자서》 10편, 도록 1권", 잡가류에 "《오자서》 8권"이 기록되어 있는 것으로 보아 당시에는 '오자서'라는 병서가 있었고, 오자서의 병법은 당시 상당한 인지도를 가지고 있었음이 분명하다.

그러나 〈예문지〉에 언급된 병서 《오자서》는 실전된 지 오래고, 다른 사적에 인용된 문구도 부족한지라 그 면목을 알 길이 없었다. 그래서 오자서의 업적에도 불구하고 그의 전술을 구체적으로 이해할 방법이 없었다. 그러던 차에 1983년 과거 초나라 수도인 강릉의 장가산張家山 서한西漢 시대 무덤에서 뒷면에 '개려'라고 적힌 죽간들이 무더기로 발견되었고, 최근에는 거의 독해되었다. 질문을 하는 개려란 바로 합려이고, 질문에 답하는 신서申胥는 오자서다. 이 책은 오자서가 쓴 병서일까?

그러나 《손자병법》의 저자를 손무로 확정할 수 없듯이 《오자서병법》의 저자를 오자서로 확정할 수는 없다. 이 책은 전국시대 중반 이후에서 진秦대 사이에 쓰인 게 아닐까 하지만, 이 역시 추측일 뿐이다. 또한 《한서》 〈예문지〉에 나오는 두 종의 《오자서병법》 가운데 하나가 아닐까 하지만 역시 추측일 뿐이다. 다만 한의 여후呂后(呂雉)의 이름인 '치雉'를 휘諱하지 않은 것, 또 발굴된 한묘의 연대가 한제국 성립 직후인 것으로 추정되는 것으로 보아 최소한 진대에는 책으로 전해졌으리라 추측된다. 아울러 《사기》에 등장하는 오자서와 손무의 관계 때문에 《오자서병법》과 《손자병법》을 비교하고 그 선후관계를 밝히려는 시도들이 있었다. 그러나 나는 두 책에 나오는 몇몇 문구의 유사성을 가지고 선후관계를 따지기는 어렵다고 본다. 유사성과 선후관계는 관련 없는 개념이다. 전국시대의 책들은 대개 그 이전의 자료들을 인용하기 때문에 여러 책에

서 유사한 문구들이 등장하곤 한다.《손자병법》이나《오자서
병법》도 예외가 아니다.

《손자병법》은 그 내용을 보아 집필 시기를 아무리 빨리 잡
아도 전국시대 중기 이전으로 볼 수 없고, 기존의 전적들을
참고·정리해서 만든 것이 분명하다.《오자서병법》도 마찬가
지다. 예컨대《오자서병법》의 "질질 시간을 끌어 시기를 놓치
지 말고, 당당하게 정돈된 적진에 달려들지 마라〔毋要堤堤之期,
毋擊堂堂之陳〕"와《손자병법》의 "잘 정돈된 깃발로 들이치지 말
고, 당당하게 정비된 진으로 쳐들어가지 마라〔勿邀正正之旗, 勿擊
堂堂之陳〕"의 구절은 유사하지만《오자서병법》이《손자병법》을
베꼈다고 할 수 없고, 마찬가지로《손자병법》이《오자서병법》
을 베꼈다고 할 수도 없다. 다만 두 책이 유사하다고 할 수 있
는 것이다.

마찬가지로《오자서병법》이 출토된 장가산 한묘가《손자병
법》이 출토된 은작산銀雀山 한묘보다 더 이른 것도 두 책의 선
후관계를 밝혀주지는 않는다. 참고로 장가산 한묘에서 발견
된 달력의 일자는 '여후呂后 2년(기원전 186년)'에서 멈추는데,
이는 무덤의 주인이 기원전 186년 직후에 죽었다는 말이다.

그래도 이 책이 오자서가 직접 썼을 가능성이 있을까? 그
'희망사항'을 검토해보자.《오자서병법》이 언제 책으로 만들
어졌는지, 또 합려와 오자서의 대화를 그대로 옮긴 것인지 알
수는 없다. 다만 이 책이 오나라의 사서를 기반으로 만들어졌

을 가능성은 있다.

　우선 《오자서병법》은 오늘날의 《손자병법》과는 달리 누군가 정리한 흔적이 보이지 않아서, 원 사료를 옮긴 느낌이 강하다는 것이다. 그다음 그 내용이 《좌전》에서 말한 유격전의 개념과 시종일관 일치하고, 오자서가 초나라를 쳐야 하는 이유로 든 논리가 반복적으로 등장한다는 점이다. 예를 들어 《좌전》의 "초나라는 정치를 담당하는 이들이 많고 서로 마음이 맞지 않사오니(楚執政者衆而乖)"라는 문장과 〈개려〉의 "(저쪽은) 병졸이 많으나…… 장수들이 서로 싸워 마음이 맞지 않으면, 우리가 공격하면 됩니다(軍衆則……將爭以乖者, 攻之)"라는 문장은 대단히 잘 맞아 떨어진다. 그렇지만 이 정도의 정황과 근거로는 이 책이 오자서 본인의 작품이라고 보기는 어렵다.

　지금까지의 알려진 자료로 확실히 이야기할 수 있는 것은 《오자서병법》의 저자는 오자서 본인은 아닐지라도 역사적으로 오자서가 만들고 실전에 응용한 전략을 대단히 정밀하게 이해한 사람, 즉 '오자서의 병법' 계승자라는 사실뿐이다. 《손자병법》은 종적이 묘연한 손무의 이름을 빌어 아마도 복수의 저자가 썼기 때문에 종합적인 전술의 성격이 강하다. 《오자서병법》은 사료에 뚜렷이 남아 있는 오자서의 구체적인 행적을 바탕으로 썼기 때문에 유격전을 집중적으로 설파하고 있다.

◆《오자서병법》원문

제1장

합려 무릇 (오늘날과 같은 열국쟁탈의) 천하에서 어찌하면 무너지고 어찌하면 흥합니까? 어찌하면 높아지고 어찌하면 낮아집니까? 백성을 다스리는 도리로는 무엇을 삼가고 무엇을 준수해야 합니까? 백성을 부리는 방도로는 무엇이 상책이고 무엇이 하책입니까? 하늘의 법칙을 따르자면 무엇을 피하고 무엇을 받아들여야 합니까? 땅의 덕을 행하자면 무엇을 본받고 무엇을 지극해 해야 합니까? 용병의 지극함을 이루려면 무엇을 따라야 합니까?

오자서 무릇 천하는 도가 없으면 무너지고 도를 갖추면 흥합니다. 의를 행하면 높아지고 의를 버리면 천해집니다. 백성을 다스리는 도리는 그들을 먹이는 것이 근본이며, 형벌은 말단이고 덕정德政이 최고입니다. 백성을 부리는 방도로는 그들을 편안하게 하면 창성할 것이요, 위태롭게 하면 망할 것입니다. 그들에게 이익을 주면 부유해질 것이요 손해를 끼치면 재앙을 당할 것입니다. 하늘의 법칙을 따름에, 천시를 거스르면 화를 입을 것이오, 따르면 복을 받을 것입니다. 땅의 덕을 행함에 (농사의) 시기를 잘 맞추면 해마다 풍년을 맞아 백성은 배불리 먹을 수 있을 것이나, 시기를 잃으면 국가가 위태롭게 되고 사직이 기울게 됩니다.

무릇 용병을 도모할 때는 반드시 천시를 얻어야 왕자王者의 이름을 이루고 요사스런 재앙이 닥치지 않게 되고, 봉황이 땅으로 내려와 질병과 재난이 사라질 것이며, 만이蠻夷가 와서 빈복賓服하고 나라 안에는 도적이 사라지며, 현명하고 정성스러운 이들은 일어나고 폭란暴亂한 이들은 모두 복종할 것이니, 이를 천시를 따른다고 하는 것입니다.

옛날 황제가 천하를 평정할 때, 뜻을 쓰는 것(用意)을 최고로 치고, 그 다음은 얼굴빛을 쓰고(用色), 그 다음은 덕을 쓰고(用德), 마지막에야 무기를 썼으니, 그리하여 천하의 인민은 물론 금수까지 모두 와서 복종했던 것입니다. (황제를 보좌하는) 사보四輔의 직책을 두어 태극에 이르고, 사시를 행하고 오덕(五行)을 순환시켰습니다. 해를 땅의 좌표로 삼고 달은 하늘의 법칙으로 삼아, 아래 백성을 다스리고 복종하지 않는 자를 쳐부쉈습니다. 그 법에 이르길, "하늘은 아버지요 땅은 어머니가 되며, 삼신參辰(해, 달, 북두칠성)과 열성列星(여러 뭇 별자리)은 기강紀

綱이 되며, 북두가 중심이〔擊〕되어 한바퀴 돌아서 다시 시작한다"했습니다. 저 창창한 하늘 그 중심은 어디입니까? 이 넓고 넓은 땅, 누가 그 시작을 알겠습니까? 장차 재앙이 다가오는데 누가 그 종착지를 알 것입니까? 하늘이 빼앗으려 하는데 누가 그 끝을 알겠습니까? 禍가 일어남에 누가 그 발단을 알겠습니까? 복이 오려는데 누가 (미리) 알고 기뻐할 것입니까? 동방이 좌左가 되고 서방이 우右가 되며, 남방이 겉〔表〕이 되고 북방이 안〔裏〕이 되는 것, 이를 하늘을 따르는 도리라 합니다. 다스려지지 않으면 부서져 망하고, 다스려지면 장구할 수 있습니다.

蓋廬曰: 凡有天下, 何毁何擧, 何上何下? 治民之道, 何愼何守? 使民之方, 何短何長? 盾(循)天之則, 何去何服? 行地之德, 何范何極? 用兵之極, 何服?

申胥曰: 凡有天下, 無道則[ ](毁), 有道則擧, 行義則上, 廢義則下. 治民之道, 食爲大葆, 刑罰爲末, 德正(政)爲首.

使民之方, 安之則昌, 危之則亡, 利之則富, 害之有央(殃). 循天之時, 逆之有[言咼](禍), 順之有福. 行地之德, 得時則歲年孰(熟), 百生(姓)飽食, 失時則危其國家, 頃(傾)其社稷.

凡用兵之謀, 必得天時, 王名可成, 訞(妖)孼不來, 鳳鳥下之, 無有疾[哉-口](災), 變(蠻)夷賓服, 國無盜賊, 賢[](慤)則起, 暴亂皆伏, 此謂順天之時. 黃帝之正(征)天下也, 大(太)上用意, 其次用色, 其次用德, 其下用兵革, 而天下人民, 禽獸皆服.

建藝(勢)四輔, 及皮(彼)大(太)極, 行皮(彼)四時, 環皮(彼)五德. 日爲地[徽/糸]●, 月爲天則, 以治下民, 及破不服. 其法曰: 天爲父, 地爲母, 參辰爲剛(綱), 列星爲紀, 維斗爲擊, 轉檀(動)更始●●, 蒼蒼上天, 其央安在? 羊(洋)羊(洋)下之●●● 孰知其始? 央之所至, 孰智(知)其止? 天之所奪, 孰智(知)其已? [言咼](禍)之所發, 孰智(知)其起? 福之所至, 孰智(知)而喜? 東方爲左, 西方爲右, 南方爲表, 北方爲裏●●●●, 此胃(謂)順天之道. 亂爲破亡, 治爲人長久.

제2장

합려 무엇을 하늘의 시〔天時〕라 합니까?

오자서 구야九野(온 하늘)가 병기(군대)가 되고 구주九州(온 땅)가 양식이 되며, 사시오행이 서로 돌아가며 상대를 극복합니다. 하늘은 모나고 땅은 둥글며, 물은 음이 되고 불은 양이 되며,

---

● 이 부분은 정확한 해석이 어렵다. '徽/糸'은 '돌다'라는 뜻의 '徽'와 '끈'이라는 뜻의 '糸'가 결합되어 있으니 '태양이 도는 길'을 뜻하는 것 같다. 그렇다면 '태양은 땅의 기준이다'로 해석할 수 있을 것 같다.
●● 이 부분은 '병음양가'의 영향을 받은 구절이다. '해, 달, 북두성을 기준으로 오행이 운행된다'는 뜻으로, 군사를 낼 때 길일을 점치는 기준이 된다.
●●● 의미상 '下之'는 '下地'로 보아야 할 것 같다.
●●●● 이 부분의 해석도 모호하다. 장가산247호한묘죽간정리소조張家山二四七號漢墓竹簡整理小組에서는 "고대의 지도는 북쪽을 아래로 두고 그렸기 때문에 동방이 좌가 되고, 서방이 우가 된다"고 주를 달았다.

해는 형刑이 되고 달은 덕德이 되어, 서서(모여서) 사시가 되고 각각으로 나뉘어 오행이 되니, 이 법칙을 따르는 자는 왕자가 되고 거스르는 자는 망하니, 이를 하늘의 시라 합니다.

蓋廬曰: 何胃(謂)天之時？
申胥曰: 九野爲兵, 九州爲糧, 四時五行, 以更相攻. 天地爲方圜, 水火爲陰陽, 日月爲刑德, 立爲四時, 分爲五行, 順者王, 逆者亡, 此天之時也.

제3장

합려 무릇 군사를 일으킬 때는 어느 곳에 진을 치고 어느 곳을 피해야 합니까?

오자서 진을 치는 법을 말하자면, 겨울에는 높은 곳에 진을 치고 여름에는 낮은 곳에 진을 친 적은 쳐서 승리할 수 있습니다. 큰 언덕을 올라타고 치는 진을 이름하여 '신고申固(참으로 공고한 진)'라 하고, 언덕을 등지고 치는 진을 '승세乘勢(기세를 타는 진)'라 하고, 언덕을 앞에 두고 치는 진을 '범광范光(빛을 거스르는 진)'이라 하고, 언덕을 오른쪽에 두고 진을 치는 것(右陵而軍)을 '대무大武(크게 무를 이룰 진)'라 하고, 언덕을 왼쪽에 두고 치는 진을 '청시淸施'라 합니다. 물을 등지고 치는 진을 '절기絶紀(끝장이 날 진)'라 하고, 물을 앞에 두고 치는 진을 '증고增固(공고함을 더하는 진)'라 하고, 물을 오른쪽에 두고 치는 진을 '대경大頃(크게 위태로운 진)'이라 하고, 물을 왼쪽에 두고 치는 진을 '순행順行(순조로운 진)'이라 합니다. 군대는 분산되는 것과 멀리 적진으로 나가서 진을 치는 것을 두려워하니, 앞으로 10리 전진은 있어도 뒤로 10보 후퇴는 없는 것입니다. 이것이 진을 치는 방법입니다.

蓋廬曰: 凡軍之擧, 何處何去?

申胥曰: 軍之道, 冬軍軍於高者, 夏軍軍於埤者, 此其勝也●. 當陵而軍, 命曰申固; 倍(背)陵而軍, 命曰乘藝(勢), 前陵而軍, 命曰笵光, 右陵而軍, 命曰大武; 左陵而軍, 命曰淸施. 倍(背)水而軍, 命曰絶紀, 前水而軍, 命曰增固, 右水而軍, 命曰大頃, 左水而軍, 命曰順行. 軍恐疏遂, 軍恐進舍, 有前十里, 毋後十步. 此軍之法也.

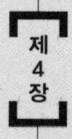

합려 무릇 맞붙어 싸울 때는 어떤 것이 순리이고 어떤 것이

● 이 부분은 약간 의역이 필요한 듯하다. 겨울에 군대를 내면 바람과 추위를 피해 낮은 곳에 거하고, 여름에는 습기와 물을 피해 높은 곳에 진을 치는 것이 상식이다. 따라서 '此其勝也'는 '이런 상대는 이길 수 있다'로 의역하는 것이 좋을 듯하다.

역리입니까? 어떤 때 진군하고 어떤 때 물러납니까?

오자서 무릇 싸움을 하는 방법(戰之道)은 겨울에는 높은 곳에 진을 친 적을 공격하고 여름에는 낮은 곳에 진을 친 적을 공격하면 승리할 수 있습니다.

그 시기를 말하자면, (봄에) 보리가 누렇게 익을 때, (가을에) 나뭇잎이 누렇게 물들 때, (겨울) 눈이 쌓이도록 추울 때 칠 수 있습니다. (오행의) 덕이 토·목·금에 있을 때 싸울 수 있고, 낮에는 해를 등지고 밤에는 달을 등질 때 싸울 수 있으니, 이를 하늘의 여덟 시기를 이용한다고 합니다.

왼쪽에 태세(목성)을 두고, 오른쪽에 오행(수, 금, 화, 토)을 두고 싸울 수 있고, 앞에 적조赤鳥(주작성좌, 남방칠숙)를 두고 뒤로 천고天鼓를 두고 싸울 수 있고, 청룡(동방칠숙)을 왼쪽에 두고 백호(서방칠숙)를 오른쪽에 두고 싸울 수 있으며, 소요(북두제7성)가 머리 위에 있고 본진이 그 뒤를 따르면 싸울 수 있으며, 한번은 우측, 한번은 좌측, 한번은 마주보고, 한번은 등을 질 때도 싸울 수 있으니, 이를 천시를 따른다고 합니다.

몰래 (어두운 곳에서) 북을 쳐서 상대의 귀를 공격하고, 드러내 놓고 진을 쳐서 그들의 눈을 두렵게 하고, (용도와) 다른 깃발들을 늘려놓아서 실제 진이 아닌 것으로 속입니다. 질질 시간을 끌어 시기를 놓치지 말고, 당당하게 정돈된 적진에 달려들지 말며, 상대의 예리한 기세에 맞서 정면으로 공격하지 않아야 하니, 이를 들어 싸움에는 일곱 가지 전술이 있다고 합니다.

태백(금성)이 달에 들어가거나 형혹(화성)이 달에 들어가면 싸울 수 있고 일월이 서로 잡아먹을 때(일식과 월식) 싸울 수 있는데, 이를 하늘의 네 가지 재앙을 따라 싸우면 반드시 경사롭다고 합니다. 병오·정미일에 서쪽으로 나가서 싸울 수 있고, 임자·계해일에는 남쪽으로 나가 싸울 수 있고, 경신·신유일에는 동쪽으로 나가 싸울 수 있고, 무진·기사일에는 북쪽으로 나가 싸울 수 있는데, 이를 여덟 가지 승리(의 날)라 합니다.

저쪽이 쇠[金]로 흥하면 우리는 불[火]로써 치고, 저쪽이 불로 흥하면 우리는 물[水]로 칩니다. 저쪽이 물로 흥하면 우리는 흙[土]으로 치고, 저쪽이 흙으로 흥하면 우리는 나무[木]로 칩니다. 또한 저쪽이 나무로 흥하면 우리는 쇠로 치니, 이를 오행을 이용해서 이긴다고 합니다. 봄에는 오른쪽을 치고, 여름에는 안을 치며, 가을에는 왼쪽을 치고 겨울에는 겉을 치니●, 이를 삶을 등지고 죽음을 친다고 하니, 즉 사계절을 이용한 승리입니다.

蓋廬曰: 凡戰之道, 何如而順, 何如而逆; 何如而進, 何如而御?
申胥曰: 凡戰之道, 冬戰從高者擊之, 夏戰從卑者擊之, 此其勝也!

● 오행설에 따르면 좌·우·표·리는 각각 동·서·남·북에 대응한다.

其時曰: 黃麥可以戰, 黃秋可以戰, 白冬可以戰, 德在土, 木, 在金可以戰; 晝倍(背)日, 夜倍(背)月可以戰, 是胃(謂)用天之八時.

左太歲, 右五行可以戰*, 前赤鳥, 後倍(背) 天鼓** 可以戰, 左青龍右白虎可以戰, [木召](招) 榣(搖) 在上, 大陳其後可以戰, 壹左壹右, 壹逆再倍(背)*** 可以戰, 是胃(謂) 順天之時.

鼓於陰以攻其耳, 陳(陣) 於陽以觀其耳, 目異章惑以非其陳(陣), 毋要堤堤之期, 毋擊堂堂之陳(陣), 毋攻逢逢之氣, 是胃(謂) 戰有七述(術).

大(太) 白入月, 營(熒) 或(惑) 入月可以戰, 日月[立立]並食可以戰, 是胃(謂) 從天四央(殃), 以戰必慶.

丙吾, 丁未可以西鄉(嚮) 戰, 壬子, 癸亥可以南鄉(嚮) 戰, 庚申, 辛酉可以東鄉(嚮) 戰, 戊辰, 己巳可以北鄉(嚮) 戰, 是胃(謂) 日有八勝.

皮(彼) 興之以金, 吳擊之以火; 皮(彼) 興以火, 吳擊之以水; 皮(彼) 興以水, 吳擊之以土; 皮(彼) 興之以土, 吳擊之以木; 皮(彼) 興以木, 吳擊之以金, 此用五行勝也.

春擊其右, 夏擊其裏, 秋擊其左, 冬擊其表, 此胃(謂) 倍(背)生擊死,

---

* 다섯 행성 중 목성을 왼쪽에 두고 그 나머지를 오른쪽에 둔다는 뜻일 것이다. 태양계의 다섯 행성은 공전주기가 모두 다르고, 지구는 자전하므로 각 행성이 하늘에서 관측되는 위치가 계속 변한다. 목성의 주기는 12년이므로 이 정보로는 정확한 계절과 시간대를 추정할 수 없다. 역시 병음양가의 독특한 이론이다.

** 군고軍鼓와 쇠도끼를 주관하는 별이다.

*** 군대가 행군할 때 소요성이 본진의 전방 좌측에서 하늘 꼭대기로 떴다가 후방 우측으로 내려가는 순간을 뜻한다. 계절에 따라 북두칠성의 최고 고도는 달라지기 때문에 이 글을 통해 행군을 하는 시간을 추정할 수는 없지만, 별은 동쪽에서 서쪽으로 이동하므로 현재 군대가 대체로 북쪽으로 움직이고 있다는 것을 알 수 있다.

此四時勝也.

제5장

합려 무릇 공격의 방도는 어떤 것이 좋고 어떤 것이 나쁩니까?
오자서 무릇 공격의 도로서 덕의는 (반드시) 지키는 것이나, 성신일월이 번갈아가며 우위를 차지하고, 사시와 오행이 한 바퀴 돌아 다시 시작합니다. (이를 응용하여 공격할 수 있습니다) 태백은 쇠니 가을에는 쇠가 강해 나무를 공격하여 이길 수 있습니다. 세성은 나무니 봄에는 나무가 강해 흙을 공격할 수 있습니다. 전성塡星(토성)은 흙이니 유월에는 흙이 강해 물을 공격할 수 있습니다. 상성相星(수성)은 물이니 겨울에는 물이 강해 불을 공격할 수 있습니다. 형혹은 불이니 사월에는 불이 강해 쇠를 공격할 수 있습니다. 이를 오행을 쓰는 도라고 합니다. 가을에 양이 생장하면 나무가 죽어 음이 되니 가을에는 그 왼쪽을 공략할 수 있습니다. 봄에 양이 생장하면 쇠가 죽어 음이 되니 봄에는 그 오른쪽을 공격할 수 있습니다. 겨울에 양이 생장하면 불이 죽어 음이 되니 겨울에는 그 겉을 공격할 수 있습니다. 여름에 양이 생장하면 물이 죽어 음이 되니 여름에는 그 속을 공격할 수 있습니다. 이것이 사시를 이용하는 방법입니다. 지충地衝 8일, 일충日衝 8일, 요일日揖 12일은 모두 공격할 수 있으니 이를 일월을 이용하는 방법이라고 합니다.

蓋廬曰: 凡攻之道, 何如而喜, 何如而有咎?
申胥曰: 凡攻之道, 德義是守, 星辰日月, 更勝爲右, 四時五行, 周而更始.
大白金也, 秋金强, 可以攻木; 歲星木(也, 春木)强, 可以攻土, [土[胯-月]](塡)星土也, 六月土强, 可以攻水; 相星水也, 冬水强, 可以攻火; 營(熒)或(惑)火也, 四月火强, 可以攻金. 此用五行之道也.(秋)生陽也, 木死陰也, 秋可以攻其左, 春生陽也, 金死陰也, 春可以攻其右; 冬生陽也, 火死陰也, 冬可以攻其表, 夏生陽也, 水死陰也, 夏可以攻其裏. 此用四時之道也. 地橦八日, 日橦八日, 日舀十二日, 皆可以攻, 此用日月之道也.

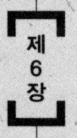

합려 군사를 진격시키고 물릴 때는 어떤 것을 피하고 어떤 것

● 죽간정리소조는 《수호지진묘죽간·일서을종睡虎地秦墓竹簡·日書乙種》에 의거해서 '橦'을 '衝'로 보았다. 근거로 든 책의 본문을 보니 '지충'은 춘삼월 무진戊辰, 기사己巳, 하삼월 무갑戊申, 기미己未, 추삼월 무술戊戌, 기해己亥, 동삼월 무인戊寅, 기축己丑을 말하고, '일충'은 춘삼월 계경季庚, 계신季辛, 하삼월 계임季壬, 계계季癸, 추삼월 계임季壬, 계계季癸, 동삼월 계병季丙, 계정季丁이다. '일요'는 역시 같은 책의 '요일舀日'에 해당하는 것으로 보인다. 이는 1월~12월까지 각 월 순서대로 임, 계, 술, 갑, 을, 술, 병, 정, 기, 경, 신, 기일 총 12일이다. 그러나 모두 병음양가의 색채가 농후하여 현재 기준으로 이해하기는 어렵다.

을 취합니까? 어찌하면 길하고 어찌하면 흉합니까?

오자서 무릇 군대를 진격시킬 때는 적의 전진과 후퇴에 따라 우리 군을 전진시키고 후퇴시켜야 합니다.(적이 전진하면 우리는 후퇴합니다).

특히 먼지와 연기緻氣(혹은 수증기)를 잘 관찰해야 합니다.
아침에는 공기(밥 짓는 연기와 수증기) 살펴보고 저녁에는 먼지를 바라보는데, (연기, 수증기, 먼지 따위의) 맑기가 구름 같은 곳으로는 우리 군대를 진격시켜 주둔시킬 수 없습니다.

탁한 먼지가 어지러이 높이 오르면 거기에는 적이 출격할 의도가 있는 것이니, 우리는 단단히 경계하며 기다리며 함부로 나서거나 물러나지도 말아야 합니다.

그럼 어떨 때 우리가 공격합니까? (적이 전투 의지를 잃었을 때야 공격합니다)

적이 군대를 내었으나 비바람이 심해 벌판에서 길이 끊어지고, 양식이 떨어져 군졸이 굶주리며 말을 먹일 풀조차 없는 상황일 때 우리는 공격합니다.

적이 심한 더위와 추위를 무릅쓰고 거듭 진격하여 진을 쳐서, 군졸은 지치고 돌아갈 길은 멀고 양식마저 떨어졌을 때 공격합니다.

적의 병력이 적어서 두려워하거나, 수는 많으나 질서가 없거나, 공격 받기 쉬운 평지에 진을 쳤거나, 따르는 원군이 없어서 두려운 마음이 일 때를 노려 공격합니다.

적의 군졸은 많으나 우왕좌왕하고, 장수들이 서로 싸울 때 공격합니다.

적의 군졸들이 나이가 많아 다스릴 수 없고, 장수는 젊고 결단을 내리지 못할 때 공격합니다.

길은 멀고 해는 지는데 적이 서둘러 행군하면서 아직 진을 치지 못할 때 공격합니다.

적이 급하게 퇴각하는데 풍우가 심하여 군중에 두려워 떠는 이가 생겼을 때 공격합니다.

군졸이 적어서 두려움에 빠져 있고, 감히 전진하지도 후퇴하지도 못할 때 공격합니다.

이 열 가지는, 군대를 진격시키는 방법입니다.

蓋廬曰: 攻軍回衆, 何去何就? 何如而喜, 何如而凶?

申胥曰: 凡攻軍回衆之道, 相其前後, 與其進芮(退).

愼其墳(塵)埃, 與其緥氣, 日望其氣, 夕望其埃, 淸以如雲者, 未可軍也.

埃氣亂摯, 濁以高遠者, 其中有撞(動)志, 戒以須之, 不去且來.

有軍於外, 甚風甚雨, 道留於野, 糧少卒飢, 毋以食馬者, 攻之.

甚寒甚暑, 軍數進舍, 卒有勞苦, 道則遼遠, 糧食絶者, 攻之.

軍少則恐, 衆則亂, 舍於易, 毋後援者, 攻之.

軍衆則[目/米], 將爭以乖者, 攻之.

軍老而不治, 將少以疑者, 攻之.

道遠日莫(暮), 疾行不舍者, 攻之.

軍急以卻, 甚雨甚風, 衆有朧(懼)心者, 攻之.

軍少以恐, 不□□不撞(動), 欲後不敢者, 攻之.

此十者, 攻軍之道也.

제7장

합려 무릇 적을 칠 때, 무엇을 먼저하고 무엇을 나중에 합니까? 무엇을 취하고 무엇을 내어줍니까?

오자서 무릇 적을 칠 때는 반드시, 적의 선두만 갓 도착하여 말과 소가 제대로 먹지 못했고 병졸들이 대오를 잃었으며, 전방의 보루가 아직 공고하지 못하고 후미가 진을 구축하지 못하여 보병이 굶주리고 겁에 질려 있을 때, 벼락같이 소리를 내지르며 공격을 감행하면 적의 진지를 쓸어버릴 수 있습니다.

적이 우리를 기다리며 준비를 갖추고 있으면, 우리도 움직이지 않고 기다리면서 적의 경계태세를 느슨해지게 합니다. 적이 우리를 치려 하나 우리가 대응하지 않으면, 저들은 자주 출격하여 마음이 조급하지만 우리는 고요하니, 이때 일어나 적을 치면 저들이 세력을 공고히 할 틈을 주지 않을 수 있습니다.

적이 진을 견실하게 치면 우리는 소수의 병력에 허술한 진으로 상대하고, 적이 기뻐하면 우리는 일부러 슬픈 기색을 내보이고, 적이 승리를 자신하면 우리는 기꺼이 엎드려 기다립니다. 비로소 적이 우리를 가볍게 보고 무턱대고 달려들 것이니, 그때 우리는 질풍같이 들이칩니다.

적이 중군으로 우리를 공격하면 우리는 우군으로 상대하고, 적이 우리를 쉽게 이긴다고 생각하면 우리는 그들을 유인합니다. 적이 추격하면 우리는 매복하고 기다립니다.

적의 진이 견실하면 우리는 비워서 맞서고, 적이 기뻐하는 기색이 있으면 우리는 짐짓 슬픈 기색을 내보입니다. 적이 승리를 자신하면 우리는 기꺼이 기다립니다. 이리하면 저들이 돌아갈 곳이 없게 만들 수 있습니다.

적이 들이치면 우리는 뒤로 물러나 유인하여, 적이 여러 번 출입하면서 일부러 작은 승리를 얻게 하고, 막상 맞부딪치면 일부러 달아나서 적의 주력이 도착하게 해서는 안 됩니다. 적이 우리를 급하게 추격하면 반드시 대오가 흐트러질 것입니다. 저들이 이겼다고 자신할 때 갑자기 군사를 돌려 반격합니다. 그러면 저들은 반드시 불의의 공격에 당황할 것이니 이때 따라붙어 치면 저들을 달아나지 못하게 할 수 있습니다.

적이 와서 진을 치는데 우리가 맞서 저지하지 않고, 해가 어두워져도 우리가 나가지 않으면, 저들은 반드시 어쩔 수 없이 물러날 것입니다. 저쪽 장수는 군대를 돌릴 마음이 있고 병졸들도 집으로 돌아갈 생각뿐일 때, 우리가 따라붙어 치면 저들은 돌아볼 겨를이 없을 것입니다.

적이 나와서 노략질을 하면 우리는 맞서 저지하지 말고, 적이 전의가 불탈 때는 우리는 경계할 뿐 어울려 싸우지 않아야 합니다. 급기야 저들 병사가 충분히 노략질을 하여 돌아가면서도 두려운 마음이 없고, 장수는 경계하는 마음이 없으며, 전위가 이미 진영으로 들어가고 후위가 따라 가려고 할 때 우리가 따라붙어 치면 반드시 패주시킬 수 있습니다.

우리는 경계하고 저들은 태만하다면 저들이 어찌 무너지지 않을 수 있겠습니까? 적이 귀환해도 우리가 추적하지 않고 저들의 반만 돌려보내면 남은 반은 동요하여 두려워할 것이니, 우리가 그때 따라붙어 치면 그들을 돌아가지 못하게 할 수 있습니다.

양쪽이 대치하여 힘이 필적하는 상황이라면 우리는 반드시 정면으로 상대하지 말고 달아나야 합니다. 결국 저들이 이겼다고 생각할 때 우리는 그 후방을 칩니다. 이미 돌아간 자들은 돌아올 수 없으니……. 저들이 통제를 잃으면 (전위와 후위를) 양쪽으로 갈라서 차례로 격파하면 심대한 타격을 줄 수 있습니다.

저들이 우리 땅으로 와서 진을 치는데, 날씨가 너무 무더워 상하는 사람이 많으면, 우리는 날래고 저들을 피로한데 어찌 이기지 못할 수 있겠습니까?

이 열 가지는 격전의 방도입니다.

蓋廬曰: 凡擊適(敵)人, 何前何後, 何取何予?

申胥曰: 凡擊適(敵)人, 必以其始至, 馬牛未食, 卒毋行次*, 前壘未固, 後人未舍, 徒卒饑恐, 我則疾[口虖](呼), 從而擊之, 可盡其處.

適(敵)人侍(待)我以戒, 吳侍(待)之以台(怠); 皮(彼)欲擊我, 我其不能** '我其不能'; 皮(彼)則數出, 有趡(躁)氣, 義(我)有靜志, 起而擊之, 可使毋茲.

適(敵)人陳(陣)以實, 吳禺(遇)以希(虛); 皮(彼)有樂志, 我示以悲; 皮(彼)有勝意, 我善侍(待)我, 我伏侍(待)之; 適(敵)人易我, 我乃疾擊之.

適(敵)人鄉(嚮)我以心, 吳以胠禺(遇)之***; 皮(彼)易勝我, 我以誘之, 適(敵)人逐北, 我伏須之.

皮(彼)人陳(陣)以實, 吳禺(遇)以希(虛); 皮(彼)有樂志, 吳示以悲; 皮(彼)有勝意, 我善侍(待)之, 可使毋歸.

適(敵)人來進, 吳與相誘, 數出其衆, 予之小利, 合則去北, 毋使多至, 適(敵)人逐北, 必毋行次, 皮(彼)有勝慮, 我環(還)擊之, 皮(彼)必不虞, 從而觸之, 可使毋去.

適(敵)人來陳(陣), 我勿用卻****, 日且莫(暮), 我則不出, 皮(彼)必去, 將有環(還)志, 卒有歸慮, 從而擊之, 可使毋顧.

---

* '卒毋行次'에서 '行次'는 보통 오행의 순서를 뜻한다. 병음양가의 이론에 의하면 군대의 편제는 오행을 따랐을 것이다. 지치고 경황이 없어 행군의 대오가 무너졌다는 뜻으로 파악된다.
** '我其不能'은 문장이 성립하지 않는 구절이다. 죽간정리소조는 누락된 글자가 있을 것으로 추정했다. 적어도 한 글자 이상 누락된 것으로 보이며, 의미상 그들로 하여금 우리와 접전할 기회를 주지 않는다는 뜻인 것 같다.
*** '心'은 중심부, 즉 '중군中軍'이며 '胠'은 '脇'(옆구리)와 같은 글자로 '우군右軍'이다.

適(敵)人出鹵(虜), 毋迎其斥, 皮(彼)爲戰氣, 我戒不鬥, 卒鹵(虜)則重, 衆環(還)不恐, 將去不戒, 前者已入, 後有至意, 從而擊之, 可使必北. 我敬(警)皮(彼)台(怠), 何爲弗衰! 適(敵)人且歸, 我勿用追, 使之半入, 後者則榣(搖), 衆有臒(懼)心, 我則疾杲(噪), 從而擊之, 可使毋到. 兩適(敵)相當, 我則必定, 皮(彼)有勝志, 我擊其後, 走者不復, □□□就●●●●●, 皮(彼)則失材, 開而擊之, 可使甚病.

適(敵)人進舍, 天暨(氣)甚暑, 多腸辟者, 我佝皮(彼)病, 何爲弗勝!

此十者, 戰□□(之道)也●●●●●●.

제8장

합려 하늘이 백성을 내지만 무조건 영원히 아끼지는 않아서, 그들에게 도움을 주면 창성하고 해를 주면 멸망한다고 합니다. 과인은 백성을 해치는 자들을 죽이려 합니다. 어떤 자를 치면 좋을까요?

●●●● '我勿用御'은 '우리는 달아나지 않는다'와 '우리는 맞서 싸우지 않는다' 두 가지 상반된 의미로 해석될 여지가 있다. '御'의 주어가 모호하여 '적을 격퇴하다'는 뜻인지 '우리가 달아난다'는 뜻인지 모호하다. 역자는 맞서 싸우지 않는다고 해석했다. 이어지는 문장으로 보아 맞서 싸우지도 않고 달아나지도 않고 진지를 지키는 상황임을 알 수 있다.
●●●●● '走者不復, □□□就' 부분은 해독 불분명한 글자로 인해 해석이 어렵다. 다만 앞 구절은, 적이 승리를 자신하고 회군을 시도할 때(혹은 그런 기미가 있을 때) 아군이 갑작스럽게 후위를 공격하면 이미 돌아선 전위가 돌아서 후위를 도울 수 없다는 뜻으로 파악된다.
●●●●●● 죽간정리소조는 판독 불가능한 글자를 '之道'로 추정했다.

오자서 신분이 귀하나 의義가 없고, 부유하나 베풀지 않는 자는 쳐야 합니다.

부형에게 효도하지 않고 노인을 공경하지 않는 자를 쳐야 합니다.

동생에게 자애롭지 않고 차례를 따르지 않는 자를 쳐야 합니다.

시장에서 값을 후려쳐서 강제로 매입하는 짓을 일삼는 자를 쳐야 합니다.

동리에 거처하면서 정직하지 않고, 강폭하여 이장의 말을 듣지 않으며, 이장에게 고하지 않고 함부로 동리를 출입하는 자를 쳐야 합니다.

군주(공)의 후손으로서 그 이웃을 난폭하게 대하고 업신여기는 자를 쳐야 합니다.

관리가 되어 바르지 않고, 법을 구부려 일부러 일을 어렵게 만들어 소송인으로부터 이득을 취하는 자를 쳐야 합니다.

밭에서 일하기를 기꺼워하지 않고, 여기저기 드나들며 떠돌이 노릇을 하는 자를 쳐야 합니다.

걸핏하면 다른 사람의 물건을 빼앗고, 어울려 다니지만 친애하는 이가 없고, 남을 배반하기를 즐기는 자를 쳐야 합니다.

이 열 가지는 백성을 구하는 도입니다.

蓋廬曰: 天之生民, 無有恒親, 相利則吉, 相害則滅. 吳欲殺其害民者,若何?

申胥曰: 貴而毋義, 富而不施者, 攻之.

不孝父兄, 不敬長[人)叟]者, 攻之.

不茲(慈)[禾犀]弟, 不入倫雉者, 攻之.

商販賈市, 約賈(價)强買不已者, 攻之.

居里不正直, 强而不聽口正●, 出入不請者, 攻之.

公耳公孫, 與耳口門●●, 暴敖(驁)不鄰者, 攻之.

爲吏不直, 狂(枉)法式, 留難必得者, 攻之.

不喜田作, 出入甚客者●●●, 攻之.

常以奪人, 衆以無親, 喜反人者, 攻之.

此十者, 救民道也.

제9장

합려 덕으로 친다는 것은 무엇을 말합니까?

오자서 덕으로 친다는 것은 이런 것입니다.

덕이 없으면서 스스로 군주가 되고 왕이 된 자를 치는 것은

● 죽간정리소조는 판독할 수 없는 글자를 '里'로 봤다. '이정리정'은 전국시대에 '리' 조직을 책임지던 사람이다.

●● 결자로 인해 이 부분은 판독하기 어렵다.

●●● 죽간정리소조는 '出入甚客'의 '客'을 '路'로 추정하고, 그 뜻은 '크다'로 보았으나 약간 억측인 듯하다. 역자는 '손님 노릇을 하다'로 번역했다.

덕으로 치는 것입니다.

난폭하여 친근한 이가 없는 자, 탐욕스러워 인仁이 없는 자, 그런 자를 칩니다.

심하게 걷고 남의 것을 강제로 뺏는 자를 칩니다.

형정이 어지럽고 백성을 부림이 가혹한 자를 칩니다.

명령은 굼뜨면서 징집은 급하게 하고, 가혹하게 부려서 이기는 것을 추구하는 자를 칩니다.

밖으로는 호랑이나 늑대의 마음을 가지고 안으로는 도적의 지혜를 가진 자를 칩니다.

폭란하여 친애하는 이가 없으면서 서로 속이는 자를 칩니다.

대중은 고달프고 사졸은 지치게 하여 대중에게 근심과 걱정을 크게 끼치는 자를 칩니다.

국도國都는 비고 변방의 수비는 허술한데 옹호해줄 친한 이가 없는 자를 칩니다.

뭇 신하들이 만류하는데도 사흘이 멀다 하고 명분 없이 병사를 쓰는 자를 칩니다.

땅은 크나 수비가 없고 성은 많으나 민심을 모으지 못한 나라를 칩니다.

공실의 건축에 법도가 없고, 커다란 대사臺榭 따위를 지어 민력을 낭비하고, 백성에게 거둬들이는 것을 무겁게 하는 자를 칩니다.

나라는 크나 덕은 쇠미하고, 한발이 들어 굶어 죽는 이가 넘치는 나라를 칩니다.

이 열 가지는 난을 구제하는 방도입니다.

천하가 있으나 다스림이 없는 것을 이름하여 불능$_{不能}$이라 하고, 다스리나 복종하지 않는 것을 이르러 난칙$_{亂則}$(법도를 어지럽힘)이라 합니다. 계춘경신$_{季春庚辛}$, 하임계$_{夏壬癸}$, 추갑을$_{秋甲乙}$, 동병정$_{冬丙丁}$…….●

蓋廬曰: 以德 [攻何如]?

申胥曰: □(以)

德攻者: 其母德者, 自置爲君, 自立爲王者, 攻之.

暴而無親, 貪而不仁者, 攻之.

賦斂重, 强奪人者, 攻之.

刑正(政) 危, 使民苛者, 攻之.

緩令而急徵, 使務勝者, 攻之.

□(外)有虎狼之心, 內有盜賊之智者, 攻之.

暴亂毋親而喜相註者, 攻之.

衆勞卒罷, 慮衆患多者●●, 攻之.

中空守疏而無親 □□ 者, 攻之.

● 이하 이어지는 죽간은 유실되어 정확한 의미를 짐작할 수 없다. '季春庚辛, 夏壬癸, 秋甲乙, 冬丙丁' 다음에 이어지는 죽간이 있을 것이다. 《수호지진묘죽간·일서을종》에 따르면 이날들은 모두 크게 흉한 날이라고 한다. 역시 병음양가의 독특한 관점이 들어 있다.
●● '慮衆患多者'를 직역하면 '걱정과 우환이 많은 자'이나, '남에게 걱정과 우환을 많이 끼치는 자'로 해석하는 것이 옳을 듯하다.

群臣申, 三日用暴兵者, 攻之.

地大而無守備, 城衆而無合者, 攻之.

國口室毋度, 名其臺榭, 重其正(征)賦者, 攻之.

國大而德衰, 天旱[而]數饑者, 攻之.

此十者, 救亂之道也.

有天下而不治, 名曰不能；治而不服, 名曰亂則. 季春庚辛, 夏壬癸, 秋甲乙, 冬丙丁……

통쾌한 반격의 기술, 오자서병법

초판 1쇄 인쇄 2014년 3월 4일 초판 1쇄 발행 2014년 3월 14일

지은이 공원국
펴낸이 연준혁

출판 2분사 분사장 이부연
1부서 편집장 김남철
편집 신민희 **디자인** 박선향
제작 이재승

펴낸곳 (주)위즈덤하우스 **출판등록** 2000년 5월 23일 제13-1071호
주소 (410-380) 경기도 고양시 일산동구 정발산로 43-20 센트럴프라자 6층
전화 031)936-4000 **팩스** 031)903-3893 **홈페이지** www.wisdomhouse.co.kr
종이 월드페이퍼 **인쇄·제본** (주)현문 **후가공** 이지앤비

값 16,000원 ⓒ 공원국, 2014
ISBN 978-89-6086-654-6 13320

* 잘못된 책은 바꿔드립니다.
* 이 책의 전부 또는 일부 내용을 재사용하려면
  사전에 저작권자와 (주)위즈덤하우스의 동의를 받아야 합니다.

국립중앙도서관 출판시도서목록(CIP)

(통쾌한 반격의 기술) 오자서병법 / 지은이: 공원국. -- 고
양 : 위즈덤하우스, 2014
 p. ; cm

ISBN 978-89-6086-654-6 13320 : ₩16000

병법[兵法]
자기 개발[自己開發]

152.27-KDC5
181.11-DDC21   CIP2014005285

고전에서 배우는 자기 경영의 철학 | WISDOM CLASSIC

귀곡자 | 귀신 같은 고수들의 승리비결

하나의 프로젝트를 완성하기 위해선 시기가 중요하고, 그 일을 이루어내는 사람이 중요하고 또한 순간의 결단이 중요하다. 이 책은 《귀곡자》라는 전국시대의 전략서를 바탕으로 주도적으로 일을 성취하는 방법을 설명하고 있다. 형세를 읽고 사람을 얻어, 결국 일을 성공적으로 마무리하는 매 순간의 과정을 치밀한 전략서의 형태로 일러주고 있다.

박찬철·공원국 지음 | 288쪽 | 값 15,000원

인물지 | 제왕들의 인사 교과서

제왕들이 베갯머리에 두고 읽던 인재 경영의 비서秘書 《인물지》는 위나라의 명신인 유소劉邵가 쓴 인사 교과서다. 지인知人과 용인用人에 대한 실용적이고 구체적인 내용이 담긴 이 책은, 조조의 능력주의를 포괄한 체계적인 인사 체제를 다루고 있다. 인재를 적재적소에 쓰는 일이 리더십의 핵심이 된 시대, 인사 이론을 거시적으로 검토하는 사람들에게 좋은 참고가 될 것이다.

박찬철·공원국 지음 | 520쪽 | 값 27,000원

후흑학 | 승자의 역사를 만드는 뻔뻔함과 음흉함의 미학

기업의 CEO와 임원급들이 성공적으로 글로벌 경쟁에서 살아남는 처세를 정리한 'CEO를 위한 제왕학'이다. '후흑厚黑'은 세계 최빈국이던 중국이 미국과 어깨를 나란히 하는 강대국으로 성장하기까지 가장 큰 원동력으로 작용한 '뻔뻔함과 음흉함의 미학'을 핵심적으로 보여준다. 세계 권력의 축이 서에서 동으로 이동하고 있는 대격변의 시대를 사는 생존이 담겨 있다.

신동준 지음 | 356쪽 | 값 18,000원

사마천의 부자경제학 | 사기 《화식열전》

관중·자공·사마천으로 이어지는 상가의 흐름을 21세기 경제경영 관점에서 해석한 최초의 해설서. 《사기》 〈화식열전〉의 전문을 정경문화·경제경영·경영윤리·산업경제 등 네 가지 관점으로 나누어 21세기의 경제경영 이론과 비교하고 있다. 부를 향해 줄달음질치는 인간의 본성을 꿴 사마천의 상가 이론에 초점을 맞춰 상가의 출현배경과 전개 과정 등을 정밀하게 추적했다.

신동준 지음 | 432쪽 | 값 20,000원

WISDOM CLASSIC 05 한비자의 관계술 | 허정과 무위로 속내를 위장하는 법

온정적인 인간관계보다는 객관적이면서도 냉정한 이해관계에 주목한 동양의 마키아벨리 한비韓非. 시공을 초월한 인간관계의 부조리, 권모술수의 허와 실을 꿰뚫고 있는 한비의 날카로운 통찰이 담긴 이 책을 통해 혼돈의 시대에 자신의 속내를 숨기고, 어둠 속에서 철저히 위장하면서 자기관리를 하는 생존의 법칙을 배울 수 있다.

김원중 지음 | 342쪽 | 값 18,000원

마음을 움직이는 승부사 제갈량 | 승부처는 사람에게서 나온다

파산 직전의 유비를 천하통일의 승장으로 만든 신의 책사 제갈량의 조직 관리 비법을 다룬 책. 별 볼 일 없던 지방 서생 제갈량이 어떻게 그의 나이 27세에 유비 집단의 핵심 간부로 발탁될 수 있었는지를 조명하고 중원의 강자들을 제압한 승리의 과정을 날카롭게 분석한다. 조직과 인간의 욕구를 간파해 자신의 목표와 조직의 비전을 달성했던 제갈량의 통찰력을 엿볼 수 있다.

자오위핑 지음 | 박찬철 옮김 | 372쪽 | 값 16,000원

 지금 마흔이라면 군주론 | 시대를 뛰어넘는 '세상과 인간'에 대한 통찰

마키아벨리의 《군주론》을 통해 마흔이라는 수신修身의 시기에 개인의 역사를 바로 세우는 것은 물론, 조직의 리더로서 나아갈 길과 해법을 찾는 책. 역사 속 인물과 사건, 현대 기업의 성공과 실패담 등 130여 가지 사례를 통해 《군주론》의 사상을 어떻게 적용할지 이야기한다. 현대 개인과 조직의 생존을 위한 보편적 진리가 마키아벨리의 사상 속에 있음을 확인할 수 있다.

김경준 지음 | 280쪽 | 값 14,000원

 채근담, 돈이 아닌 사람을 번다

《채근담》에 담긴 관계론·처세법·용인술을 '나눔'이라는 키워드로 재해석한 책. 《채근담》의 나눔 정신을 따른 중국 고전 인물을 살펴봄으로써 나눔과 성공적인 삶의 상관관계를 밝힌다. 이 책에는 공은 남에게 넘기고 지탄은 자신이 짊어져 결국 대공을 거둔 사례가 무수히 나온다. 본문 속 100여 가지 사례는 원전 《채근담》의 숨은 뜻을 구체적으로 이해할 수 있게 도와준다.

신동준 지음 | 304쪽 | 값 15,000원

 자기 통제의 승부사 사마의 | 자신을 이기는 자가 최후의 승자가 된다

중국 10대 강사 자오위핑 박사가 〈백가강단〉에서 진행한 10회의 강의를 정리한 책이다. 실리 없이 군대를 움직이지 않고, 전장에서 승리를 거두고도 왕의 처벌을 바란다는 시를 지을 정도로 언행을 삼갔던 사마의의 처세학을 통해, 참고 감추는 자기 절제의 미학이야말로 냉혹한 업무 환경에서 살아남는 중간관리자의 생존술임을 강조한다.

자오위핑 지음 | 박찬철 옮김 | 370쪽 | 값 16,000원

 정관정요, 부족함을 안다는 것 | 이세민을 당태종으로 만든 힘

제왕학의 정본 《정관정요》를 통해 중국 최고의 태평성대를 만든 당태종의 행보를 살펴봄으로써 난세를 헤쳐 나가는 리더의 바른 역할을 제시한다. 이 책은 자신의 부족함을 인정하고, 현명한 신하에게 일을 나누며, 일단 나누었으면 간섭을 자제하고 위임하는 리더의 자세를 말한다. 또한 자만을 경계하고, 겸양하는 자세로 간언을 받아들이며, 스스로 성찰할 것을 권한다.

신동준 지음 | 228쪽 | 값 15,000원

 통쾌한 반격의 기술, 오자서병법

오나라 왕 합려와 오자서의 대화로 이뤄진 《오자서병법》에서 뽑은 반격의 기술을 살펴본 책. 《오자서병법》을 통해 강자를 이길 수 있는 약자의 반격 전략과 조건을 찾고, 반격의 요체를 실제 전술에 활용한 유비, 주원장, 유비, 모택동의 실천 사례를 서술하면서, 약육강식 사회에서 살아남기 위한 반격의 의미를 생각해볼 기회를 제공한다.

공원국 지음 | 252쪽 | 값 16,000원